Ana Delmy Amaya Aguilar

Reforma de la educación. Valores Cívicos

Ana Delmy Amaya Aguilar

Reforma de la educación. Valores Cívicos

Reforma educativa e importancia de los valores cívicos

Dictus Publishing

Impressum/Imprint (nur für Deutschland/only for Germany)
Bibliografische Information der Deutschen Nationalbibliothek: Die Deutsche Nationalbibliothek verzeichnet diese Publikation in der Deutschen Nationalbibliografie; detaillierte bibliografische Daten sind im Internet über http://dnb.d-nb.de abrufbar.

Coverbild: www.ingimage.com

Contact:
International Book Market Service Ltd., 17 Rue Meldrum, Beau Bassin, 1713-01 Mauritius
Email: info@omniscriptum.com
Website: www.bookmarketservice.com

Published in 2018

Printed in: U.S.A., U.K., Germany. This book was not produced in Mauritius.
ISBN: 978-620-2-47996-7

Impresión
Información bibliográfica publicada por Deutsche Nationalbibliothek: La Deutsche Nationalbibliothek enumera esa publicación en Deutsche Nationalbibliografie; datos bibliográficos detallados están disponibles en internet en http://dnb.d-nb.de.

Imagen de portada: www.ingimage.com

Contact:
International Book Market Service Ltd., 17 Rue Meldrum, Beau Bassin, 1713-01 Mauritius
Email: info@omniscriptum.com
Website: www.bookmarketservice.com

Published in 2018

Printed in: U.S.A., U.K., Germany. This book was not produced in Mauritius.
ISBN: 978-620-2-47996-7

REFORMA DE LA EDUCACIÓN EN EL SALVADOR: IMPORTANCIA DE LA ENSEÑANZA DE LOS VALORES CÍVICOS.

Ana Delmy Amaya Aguilar

Tabla de Contenido **Pág**

INTRODUCCIÓN

La aproximación sobre el estudio de la temática investigada tiene como punto de partida el proceso de la Reforma de la Educación en El Salvador como un fenómeno social, económico, cultural, ideológico y político en el contexto de las transformaciones que se están generando en El Salvador de la postguerra.

El estudio explora la necesidad de articular la Reforma Educativa con una Política de Estado y un Plan de Nación. En consecuencia, la importancia de la investigación radica en mostrar los sustentos de la educación nacional en la esfera macro política del Estado y la Nación, proponiendo un enfoque genérico para establecer sus directrices y los lineamientos fundamentales, desde una visión estratégica dimensionada en el contexto de la globalización económica, para que sea reorientada desde la perspectiva del Estado y de la sociedad, considerando las necesidades, intereses y expectativas de cambio y desarrollo del país.

Desde esa perspectiva, se describe el proceso de transformación de la educación nacional en el contexto de transición política del país, desde la reforma educativa de los años de la década de los cuarenta del siglo XX hasta las apuestas de transformación de este proceso en la segunda década del siglo XXI, con énfasis en el período 1995-2005.

Por otra parte, la conceptualización de la Política de Estado en el campo educativo se enfoca en la perspectiva de las estrategias referidas al desarrollo, estimando los grandes objetivos nacionales, consignados en la Constitución de la república, que demandan que el Estado sea un organizador de la justicia, la seguridad humana y jurídica del pueblo salvadoreño, así como también del Bien Común; aspectos que justifican el replanteamiento de la política educativa gubernamental en una verdadera Política de Estado. Además, esa redefinición podrá maximizar los beneficios que se puedan obtener de la globalización y ofrecer los cursos alternos para superar las vulnerabilidades que el país presenta ante la misma.

Las reformas educativas como actos de gobierno, es decir, como acciones a través de las cuales el Estado establece elementos para orientar las políticas de la educación, son el resultado de un proceso complejo en el que intervienen componentes internos y externos a la realidad social y educativa de un país.

Los últimos quince años del siglo XX se han caracterizado por el establecimiento de un conjunto de reformas educativas que tienen una serie de metas comunes, entre las que podemos mencionar: lograr mayor equidad en el acceso a la educación; mejorar la calidad del servicio ofrecido, así como de sus resultados; establecer un conjunto de sistemas que tiendan a informar a los usuarios (estudiantes, padres de familia y sociedad) de los resultados de la educación; revisar los contenidos que se integran al currículo y en algunos casos a los libros de texto; en menor medida se busca incorporar los aportes de la psicología del aprendizaje (generalmente los vinculados con las llamadas ciencias cognitivas) a las orientaciones para el trabajo docente.

La reforma de la educación es concebida a partir del trabajo de un conjunto de especialistas, que interpreta las características que se derivan de un proyecto político general, así como de las directrices que reciben sobre el mismo. De igual forma, interpretan las tendencias generales de la educación, en particular las que constituyen los elementos centrales de la discusión actual sobre la educación, y dan una visión sobre la situación actual del sistema educativo —una perspectiva diagnóstica— y sobre los cambios que requiere para su mejor funcionamiento. Con estos elementos se conforman las líneas generales de una reforma educativa, dejando a los directores y docentes del sistema la tarea de apropiarse de la misma, y también la responsabilidad de instrumentarla.

La educación en valores es relevante en todo sistema educativo considerando que no ha estado al margen de los procesos de reforma de la educación, especialmente por la encrucijada social y política que vive la nación salvadoreña; no obstante, la importancia de los valores cívicos en la formación de la ciudadanía y la identidad nacional del alumno en el sistema educativo, es determinante para lograr la cohesión de la sociedad salvadoreña en el escenario democrático caracterizado por la complejidad social y política en la construcción de un Estado que sea respetuoso de la dignidad humana.

CAPÍTULO PRIMERO

MARCO DE REFERENCIA DEL ESTUDIO SOBRE LA REFORMA DE LA EDUCACIÓN EN EL SALVADOR.

El propósito de este capítulo consiste en describir la problemática de la investigación, la justificación e importancia del estudio, así como también los objetivos generales y específicos que dan rumbo al mismo. Además, se consideran los supuestos que orientan el desarrollo de la misma.

El objetivo fundamental de este capítulo es ofrecer el marco conceptual de referencia que se ha estructurado con el fin de discutir la temática educativa desde un enfoque de la Sociología Política de las reformas Educativas.

Por otra parte, se hace énfasis en la metodología utilizada que permitió la realización de la investigación.

1. Planteamiento del problema

Abordar la situación educativa de El Salvador en los albores del siglo XXI, exige una reflexión, que necesariamente hay que recoger del pasado inmediato: hacia dónde apunta la educación, qué pretende, qué tipo de hombre, mujer y sociedad se pretende desarrollar. Esta preocupación todavía es mayor porque, pese a los enormes esfuerzos que se hacen en el presente (2018) la educación todavía parece ser palabra extraviada en el país, como se afirmó en 1978.[1]

La perspectiva de la temática que se explora, permite indicar que cualquier Reforma Educativa que se impulse en el país, debe contextualizarse en una macro política nacional, es decir, que "se requiere

---

[1] Educación: ¿Palabra extraviada en El Salvador? Editorial Revista ECA. Estudios Centroamericanos. No. 358. Agosto. 1978.

una concepción global que formule una política integral de educación en la que el Estado sea consciente de sus limitaciones, pero que no abdique de sus posibilidades. Las finalidades de la Reforma Educativa deben estar en consonancia con las bases sociopolíticas y la estructura económica nacional desempeñando la educación su papel de agente crítico de la realidad.

La Reforma Educativa con una concepción ingenua y contradictoria, con fines incongruentes con las realidades, con metodologías, planificación moderna, pero a veces incompletas, improvisadas y foráneas, ha producido frutos contradictorios, positivos y negativos, que generan esperanzas o frustraciones".[2]

El cuerpo del problema que se va tejiendo, posibilita que sea el Estado el llamado a asumir el papel de rector en la dirección y desarrollo de la Reforma Educativa, de manera consecuente con las prioridades y finalidades que se definan. No obstante, es importante advertir que ningún proceso de reforma o cambio puede ni debe ser denominado y controlado verticalmente para que sea feliz y democrático. Sólo la participación amplia de la sociedad, en general puede asegurarle su mejor camino, pero no su éxito total.

La consideración de la reforma como fenómeno socioeducativo implica dimensionarla en el contexto de las transformaciones que sufre la enseñanza, la formación de los ciudadanos , la capacitación del profesorado, el currículum y ante todo lo que se oculta en la misma: el control o bien la regulación de la vida social por parte del Estado.

Desde la evaluación que se hizo a la Reforma Educativa de 1968, sus críticos sostienen que era necesario articular un Consejo Nacional de Educación con real y efectiva participación de los diversos sectores del

---

[2] Ungo, Guillermo Manuel y Valero, Luis Fernando. Fundamentos sociopolíticos y fines de la Reforma Educativa. Revista ECA Estudios Centroamericanos.No.358. Agosto.1978

país. En primer término, los maestros, asociaciones de padres de familia, universidades, además de los organismos estatales, Asimismo, sindicatos, organizaciones campesinas, partidos políticos, entre otros, con facultades para proponer una política educativa coherente que refleje el sentir de las mayorías. Mientras tanto, la educación ha venido evidenciando una problemática estructural, la que se esboza en este contexto en sus características generales.

Durante la década de los ochenta, el diagnóstico del sector educación presentaba tres grandes problemas:

1) Baja escolaridad de la población en edad escolar, principalmente en el área rural.
2) Alta tasa de analfabetismo y baja escolaridad de la población de 10 años y más.
3) Baja calidad y cobertura del sistema educativo.

La política del sector educativo se resumía en a tres grandes componentes, entre ellos:

1) Asignación reorientación de recursos en forma prioritaria para ampliación de la cobertura de la educación preescolar y básica en el área rural
2) Puesta en marcha de un sistema de educación integrada de adultos, orientada al fortalecimiento de la producción y el desarrollo familiar y comunal.
3) Realización, que el sector educación se muestra deteriorado por los efectos directos e indirectos de la guerra que se agudizó en los últimos cinco años de la década (1984-1989).[3]

La perspectiva de la problemática tiene tal magnitud que se ha considerado que: “el sistema educativo presenta una crisis cualitativa indudables; ya que carece de una verdadera política educativa de largo alcance que permita una planificación educativa que oriente en la

[3] Lineamientos básicos del Desarrollo para el Sector Educación Quinquenio 1984-1989 ODEPORT. Ministerios de educación, sept.1989.

formación de los futuros ciudadanos"[4], pero fundamentalmente que posibilite el crecimiento y el desarrollo económico y social del país, superando la brecha entre la oferta y el producto educativo y los requerimientos y exigencias de la base productiva.

La dimensión que se da en la problemática educativa trasciende las fronteras nacionales, de esa manera se ha estimado en los foros internacionales que: "Las políticas educativas deben ser políticas de Estado, basadas en el consenso y la participación de todos los sectores sociales a fin de garantizar el acceso a la educación a toda la población sin distinción alguna ".[5]

El sentido de viabilidad de la educación, y en este caso de la Reforma Educativa como parte fundamental de la política de Estado, implica idearla no de forma aislada, ni atomizada, sino considerando la armonización de todos los factores que entran en juego; Estado, Sociedad, Economía, ciencia y cultura, educadores y educandos.[6]

La necesidad de cambiar el sentido doméstico de la educación salvadoreña es un reto, ya que si ésta debe responder a los procesos de globalización mundial, se podrá fracasar tal como sucedió con la Reforma Educativa de 1968 orientada a la industrialización. No obstante, la Reforma Educativa, aún con todas sus bondades técnicas y de percepción pedagógica, evidencia su falta de relación con el desarrollo

---

[4] Mendoza de Díaz, Judith. Necesidad de una Reforma Estructural del Sistema Educativo Salvadoreño. Colegio de Altos Estudios Estratégicos. CAEE. Trabajo de graduación. San Salvador. El Salvador.1994.Pág.10.

[5] La educación como motor de desarrollo Cumbre Iberoamericana de San Carlos de Bariloche, Argentina, 1995

[6] Véase a Aldemo Montenegro en su artículo Reforma Educativa, Nación e ideal pedagógico. La Educación Revista Interamericana de Desarrollo Educativo. Año XXXV No.108-110. I-III 1991.Organización de Estados Americanos, Washington.1991.

nacional y con los intereses de la sociedad en su conjunto.

La organización de la escuela salvadoreña ha transitado por un proceso de consolidación que tiene sus comienzos en el siglo XIX, en una estructura de poco alcance concebida como escuelas de primeras letras. La organización de la instrucción pública primaria en grados de enseñanza con carácter progresivo, no existió sino hasta 1873. Por ello, la idea de un «sistema educativo», entendido como la articulación y continuidad de los diferentes niveles de enseñanza que lo componen, es algo aún no consolidado para ese momento. Aunque en el caso de la enseñanza secundaria y superior, estuvieron desde sus inicios profundamente vinculadas, ya que la creación del Colegio La Asunción en 1841 tenía por objeto preparar alumnos para ingresar a la Universidad.

La instrucción pública primaria, en cambio, no tuvo vínculo formal con la enseñanza secundaria, sino hasta finales del siglo XIX, en 1893. Estos dos hechos: la organización de un sistema de instrucción primaria, fundado en grados progresivos; y la formalización del vínculo entre primaria y secundaria, son fundamentales para comprender el proceso de consolidación del incipiente sistema educativo salvadoreño.

Interesa destacar que la organización de la instrucción primaria permanece invariable hasta prácticamente la implementación de la reforma de 1968. En cambio, la secundaria fue transformándose paulatinamente de ser una mera antesala para la realización de estudios superiores a un plano de mayores opciones vocacionales; es decir, estudios diversificados, que posibilitaban dedicarse a actividades productivas. Por tanto, el funcionamiento de la escuela salvadoreña hasta la década del sesenta, conserva aspectos que para comprenderlos hay que remontarse a la segunda mitad del siglo XIX.[7]

Los fines generales de la educación se han transformado

[7] Ventura. Edgar. Notas sobre la Reforma Educativa de 1968. CENICSH.

simultáneamente a la organización del sistema educativo, así como también de acuerdo a la evolución de las necesidades humanas. Ningún fin educativo puede separarse de la multiplicidad de necesidades que tiene el ser humano. Es así como las iniciativas de promoción de instrucción elemental, que quedaron plasmadas en las proyecciones legislativas de 1827 y 1832, se reflejaron en una estructura denominada escuelas de primeras letras, las cuales tenían un objetivo primordial: que los individuos aprendieran a leer y escribir, nociones generales de aritmética, y una formación cívica y moral.

Estos tres procesos de aprendizaje se consideraban suficientes para la población de nuestro incipiente Estado. Como se hizo mención, la organización de las escuelas de primeras letras no permite aún hablar ni de niveles de enseñanza, tampoco existe diferenciación en grados.

Es en 1873, durante la administración de Santiago González, quien tuvo como secretario de instrucción pública al doctor Darío González, que se promulgó el primer reglamento de instrucción pública primaria. Este reglamento introdujo por vez primera una estructura formal para este nivel, fundada en una división de las escuelas primarias: escuelas primarias elementales, escuelas primarias superiores y escuelas primarias nominales. De igual forma, plantea fines que van más allá de un aprendizaje elemental: «Formar hombres sanos de cuerpo y espíritu»; y que el propósito de la enseñanza «no se limitará a la instrucción del entendimiento sino que comprenderá el desarrollo armónico de todas las facultades del alma, de los sentidos, y las fuerzas del cuerpo». Estos dos elementos son nuevos en relación a lo establecido en el reglamento de escuelas de primeras letras de 1861.

Por otra parte, la formalización del vínculo entre instrucción primaria y secundaria se consolidó hacia 1893, año en el que se establece como requisito para realizar estudios secundarios la finalización de la primaria. Anteriormente, la realización de la enseñanza secundaria tenía como principal requisito, tal y como lo prescribió la constitución de 1872, «sujetarse a los exámenes previos y demás requisitos». En otras palabras, no era necesario haber finalizado la primaria.

Esto gracias a la ley reglamentaria de enseñanza secundaria del año citado, que vino a modificar este régimen. En 1871 se promulgó una nueva constitución, así como también el siguiente año, 1872. Lo interesante de la primera, en lo que tiene que ver con la instrucción, es que se institucionalizó por vez primera el valor de la instrucción pública primaria, declarándola gratuita y obligatoria. A pesar del optimismo que pueda suscitar esta declaración, por el carácter inclusivo que representa, lo cierto es que al equipararlo con la estructura de la instrucción primaria nos damos cuenta que es en esta donde está contenida la exclusión. Según el reglamento de 1873, las escuelas primarias se organizaron en tres niveles: elementales, superiores y nominales.

Este reglamento no establece la cantidad de años que comprende cada nivel, pero a juzgar por lo que reflejaron reglamentos posteriores como el de 1889, puede conjeturarse que posee ya una organización en seis grados progresivos. Para este último año, existe una definición más clara de los niveles que comprende la primaria, la cual tiene como novedad la supresión de la formación de preceptores.

Las escuelas primarias se escindían en superiores, medias y elementales. Las primeras son aquellas que constan de seis grados o seis secciones graduales. Las segundas constan de cuatro grados inferiores; y las escuelas elementales, apenas de dos grados. Algunos de los requisitos para que se pudiesen abrir estas últimas tenían que ver con la calidad de los locales, la cantidad de niños y, quizá la más llamativa, «el grado de instrucción de éstos». Iguales requisitos demandó la apertura de las escuelas medias.

En cambio, las escuelas superiores «se abrirán, de preferencia, en las capitales de departamento», lo cual constituía evidentemente un filtro para todos aquellos que no tenían las posibilidades de vivir o desplazarse hacia las capitales de departamento. Los fines de la enseñanza secundaria, durante las primeras décadas del siglo XX, no variaron sustancialmente, siempre se fijaron en la perspectiva de consolidar los conocimientos adquiridos en primaria y, quizá el más importante, preparar a los individuos para continuar estudios profesionales. Será hasta la década de los años cuarenta que se recompondrán los fines de este nivel, con la orientación de especializar dichos estudios, para adiestrar a los sujetos en el desarrollo de actividades productivas, que contribuyesen al desarrollo económico y social. Con este espíritu, se creó en 1947 el plan básico de enseñanza que antecedía a los estudios especializados.

Vale mencionar que esto fue producto del acuerdo entre los gobiernos de El Salvador y Guatemala, que reformaron su educación media a través de la implementación de dicho plan, en una reunión celebrada en Santa Ana, en julio de 1945. En términos generales, la integración de la instrucción primaria en seis años de estudio y su articulación con la enseñanza secundaria son dos hechos fundamentales que constituyen las bases de la incipiente organización del sistema educativo nacional, hechos que corresponden a los años 1873 y 1893, respectivamente. A pesar de las múltiples modificaciones legales en materia educativa — ley orgánica de instrucción de 1885, reglamentos de educación pública primaria de 1889, 1908, 1941 y los reglamentos de enseñanza secundaria (como el de 1911—, el esquema organizativo de la instrucción primaria se mantiene y no será modificado, sino es hasta la progresiva introducción de la educación básica, que sustituye la antigua estructura de la educación primaria.

Recomposición de los fines de la educación

Las anteriores consideraciones son relevantes en el contexto de la valoración que el grupo reformista del 68 realiza del pasado educativo. En su visión de la historia educativa nacional, dicho grupo establece como línea divisoria los años 1939-1940 en los cuales se promulgaron e implementaron nuevos planes de estudio para la enseñanza primaria. Manuel quien participó activamente en los proceso de cambios educativos entre los años treinta y setenta, califica este periodo como «el movimiento de mayor interés que hay en nuestra historia de la educación nacional», aunque estima que «..."la reforma del 40" es una magnífica modernización de la enseñanza primaria pero no una reforma...»[8]

Este punto es interesante, ya que plantea nuevamente la discusión sobre la naturaleza de la reforma educativa. Escamilla sugiere que la reforma educativa implica una visión global de los diferentes niveles educativos y, por tanto, su realización involucra una transformación global del sistema. Por esa razón, la «reforma del 40» no puede ser considerada en realidad una reforma educativa, ya que se limitó al nivel primario de instrucción, según el criterio de Escamilla. Este punto de vista invisibiliza las reformas y transformaciones, que sentaron las bases de la organización de la educación pública el país, durante el siglo XIX, algo de lo cual no es posible prescindir, si se quiere comprender el momento de verdad en cada etapa del proceso histórico de nuestra educación.

En consecuencia, la reflexión que surge ante este entorno conduce a la definición de la problemática, la que sintetiza en el enunciado del problema.

Enunciado del problema

Las preguntas claves de la problemática son:

- ¿ Responde el diseño de la Reforma Educativa (1995/2005) a una política de Estado para ser articulada con un Plan Nacional que contribuya al desarrollo político, económico, social, cultural y ecológico de El Salvador?
- ¿Está diseñada la Reforma Educativa para satisfacer los intereses de la nueva derecha (o derecha neoconservadora) y los grupos progresistas de

---

[8] Escamilla, Manuel Luis. La Reforma Educativa Salvadoreña. Ministerio de Educación. El Salvador. 1975. Págs. 14-15.

la izquierda democrática para fortalecer los planes y los intereses de la élite internacional a través de la regulación del Estado y la definición de un Plan Nacional de Desarrollo?

La naturaleza de estas interrogantes permitirá la exploración de esa relación entre Reforma Educativa, Política de Estado y Plan de Nación. En consecuencia, el estudio pretende examinar posibilidades, limitaciones y carencias de la Reforma Educativa como política de gobierno articulada a un Plan de Desarrollo Económico y Social. Además se propone un enfoque que articule a la Reforma Educativa con una política educativa coherente con la responsabilidad del Estado en el marco de un Plan de Nación.

2. Justificación e importancia del estudio

Los motivos que dan relevancia al estudio se exponen a continuación:

a) La Reforma Educativa de 1995-2005 está enfocada a responder más a los reflejos del proceso de transformación mundial que a los verdaderos problemas, intereses y necesidades de la sociedad salvadoreña. En consecuencia, la Reforma Educativa requiere de una dirección hacia el verdadero sentir nacional, por lo que ella debe visualizarse como un componente de la Política de Estado conectada con los Planes Nacionales de desarrollo socioeconómico, político y cultural del país.
b) La relación Reforma Educativa-Política del Estado- Plan de Nación, exige por lo menos, el planteamiento de las directrices que articulen o cambien esa tríada. Por esa razón se ofrece un enfoque genérico sobre las grandes líneas fundamentales que deben considerarse en relación a la Reforma Educativa actual y el Desarrollo Nacional y la Política Social del Estado en materia educativa.

La importancia del tema abordado radica en que se ofrece una ubicación de su objeto de estudio en la macro política del Estado y la Nación, para definir las directrices y lineamientos de la Reforma Educativa desde una visión estratégica, de tal forma que responda a las necesidades, intereses y expectativas de cambio y desarrollo del país.

3. Objetivos de la investigación.

3.1 Objetivos generales

a) Plantear las directrices que articulen la Reforma Educativa (1995/2005) con una Política de Estado y un Plan de Nación que contribuyan al desarrollo integral del país.
b) Construir un marco de referencia para la discusión de la temática educativa y de su problemática específica desde un enfoque de la sociología Política de las Reformas Educativas.

3.2. Objetivo específicos

a) Describir el proceso de transformación de la educación en el contexto de la transición política del ´país, haciendo énfasis en sus fines fundamentas sociopolíticos, filosóficos y económicos, así como también en su vinculación con la política del Gobierno y el Plan de Desarrollo Económico y Social.
b) Proponer las directrices fundamentales de la Reforma Educativa articulada con una política de Estado y un Plan de Nación.

4. Supuestos de la investigación

1.) La Reforma Educativa está concebida como una Política de Gobierno para adecuar la formación de los recursos humanos al Plan de Desarrollo Económico del país, por lo que no es perceptible un diseño coherente con una Política de Estado ni con un Plan de Nación de largo plazo.

2.) La preocupación del Estado en relación con la Reforma Educativa obedece a las exigencias de la globalización económica, a los grandes intereses de los grupos o élites que hegemonizan al mundo mediante el nuevo orden internacional en los campos de carácter político, económico, científico tecnológico y cultural para que a través del Aparato del Estado (Ministros de Educación, MINED) regule a la sociedad civil y convierta a la escolarización en sus estrategia de penetración, ideologización y despolitización de la sociedad salvadoreña.

3.) La formulación de las directrices de una Política educativa vinculada con una Política de Estado y un Plan de Nación, constituye una alternativa para que la sociedad civil sea propositiva, frente a los problemas y las nuevas formas de dominación que se ejercitan en la fase del neoliberalismo y de la globalización.

5. Marco conceptual de referencia

El marco conceptual de referencia, comprende los antecedentes del problema, y las bases históricas que sustentan el acercamiento a la problemática de la investigación.

5.1 Antecedentes del problema

La Reforma Educativa que se impulsa en el país desde 1995, realmente no tiene nada que envidiar a la implementada en 1968, ya que ambos proyectos no tienen nacimiento y carácter "nacional". Estos proyectos responden a los intereses de orden internacional.

La Reforma del 68 obedeció a los intereses propios del desarrollismo e implicó un cambio de programas, preparación y capacitación de maestros; la impresión de nuevos textos; la introducción de metodologías activas; con ello se evidencia que la Reforma de la globalización no está alejada de esta perspectiva.

El proceso de reforma educativa tiene implícito el elemento de mejora y transformación de los elementos constituyentes de la educación de un país para responder mejor a las necesidades e intereses de su población objetivo, es decir, aquellos miembros de la sociedad que han de ser educados. Esta transformación responde a criterios de índole económico, político, social, cultural e incluso religioso.

En el caso de El Salvador se puede hablar varios momentos históricos que han llevado a establecer estas reformas, siempre respondiendo a estrategias que a su vez responden a momentos históricos específicos. Para El Salvador, este proceso inició desde el año de 1887; no obstante, fue aplicado de forma sistemática hasta 1940. De tal forma, en esa época comenzaron a proponerse alternativas para el currículum existente, que era muy demandante con el tiempo de los alumnos, así como otro tipo de técnicas de enseñanza; sin embargo, las ya existentes y de tradición no morirían tan fácilmente. Estas eran defendidas por conservadores dentro y fuera del Ministerio de Educación, que eran producto del viejo sistema y que se resistían a aprobar políticas diseñadas para tomar en cuenta las necesidades, habilidades y la personalidad del estudiante en su formación.

El proceso de reforma educativa de 1940 fue orientado por tres objetivos: a) Hacer hombres útiles en el hogar, la comunidad y en el globo; b) Desarrollar en los salvadoreños la visión de sí mismos; y, c) conquistar una personalidad integral. En la escuela salvadoreña la reforma propiciaba prácticas cívicas por medio de la República Escolar Democrática";[9] esta reforma se focalizó en la escuela primaria en lo referente a planes y programas de estudio.

Reforma educativa de 1968

Por segunda vez en la historia educativa salvadoreña, se estableció una nueva reforma, la que se enmarcó en el modelo desarrollista; ella se caracterizó por incidir en la transformación del sistema educativo en todos los niveles de la educación. Se establecieron planes y programas de estudio dentro de un esquema que comprendió: contenidos, objetivos, actividades y sugerencias metodológicas.

La educación que ofreció la reforma educativa intentó dar los pasos

[9] Ministerio de Educación, Documento I- Reforma Educativa en Marcha. Un Vistazo al Pasado de la Educación en El Salvador. 1995, pág. 30

esenciales para una imagen del salvadoreño de acuerdo con las siguientes características:

- "Que tenga disciplina de trabajo, de orden, de estudio y de persistencia, a la vez hábitos básicos de defensa de la salud y de la relación social.
- Que tenga conceptos básicos en las áreas de ciencias naturales, matemáticas, de las humanidades y ciencias sociales.
- Que esté poseído de ideales de superación individual, social y ame a su patria".[10]

Respecto a la reforma curricular, los planes y programas, que de una manera general conservaban las huellas de 1940 y 1956 fueron modificados dentro de un esquema que comprendió contenidos, objetivos, actividades y sugerencias metodológicas.

La reforma incorporó, entre sus múltiples componentes, el recurso tecnológico de la televisión, apoyo a casi todas las aulas de tercer ciclo de todo el país (4° a noveno 7º, 8º y 9º grado). El programa incluía una serie de libros de texto para todas las asignaturas. Lindo-Fuentes (2003), a este respecto dice que Aunque la TVE, que empezó a emitir programas en febrero de 1969, se limitó a tres grados, la narrativa de los informes del proyecto de investigación le asigna el papel de catalizador del resto de los elementos de la reforma: los bachilleratos diversificados, el nuevo currículo, la Escuela Normal de Maestros Alberto Masferrer y los nuevos libros de texto.

La televisión educativa se convirtió en un instrumento para capacitar a los maestros en el proceso productivo (capacitación en servicio) /Los componentes de la TVE eran el libro de trabajo para el estudiante, la guía didáctica para el maestro y las tele clases. Este modelo funcionaba en una estructura que consistía en 10 minutos de motivación, 20 minutos de tele clase y quince de refuerzo. La clase duraba en total 45 minutos. Se llegó a tener TV desde 4to grado hasta 9no grado en zonas urbanas y semiurbanas, lo que correspondió al 80% de la matrícula de la época.

[10] Ministerio de Educación; Documento 3 de la Reforma Educativa de 1968; Sistema Educativo, Fundamentos Doctrinarios, Estructura, Planes y Programas. San Salvador 1977; Pág. 34-35.

A partir de dicha reforma, el sistema educativo salvadoreño incluye un año de edad preescolar, nueve de educación básica, tres años de educación secundaria y educación superior en dos universidades y varias instituciones de educación superior especializadas. El plan de estudios en los niveles básico y secundario, desarrollado por el Ministerio de Educación, fue uniforme en todo el país. La provisión de la educación, sin embargo, sufrió de una dicotomía rural-urbana. Las estadísticas en todo el país muestran la debilidad del sistema escolar en el nivel secundario, en un estudio de 1976, sólo el 34 por ciento de los estudiantes alcanzó el noveno grado, y 15 por ciento alcanzó la culminación de la educación media.

La Reforma del 68 implicó un cambio de programas, preparación y capacitación de maestros; la impresión de nuevos textos; la introducción de metodologías activas; con ello se evidencia que la Reforma de la globalización no está alejada de esta perspectiva.[11]

La reforma del 68 obedeció a los intereses de la Agencia Internacional para el Desarrollo (AID), las Naciones Unidas a través de la UNESCO y otras misiones de asistencia técnica. La Reforma del 95 está diseñada para responder a la globalización económica y a las políticas del Banco Mundial del Fondo Monetario Internacional (FMI), entre otros.

Esta reforma respondió al modelo desarrollista impulsado durante el gobierno del General Fidel Sánchez Hernández quien designó al ministro de Educación, Walter Béneke, para introducir la Televisión Educativa, establecer el Programa de Bienestar Estudiantil y Magisterial; además, se crearon escuelas de Educación Física y se fundó la Ciudad Normal Alberto Masferrer y el Instituto Tecnológico Centro Americano."[12]

Con el fin de superar las deficiencias de formación docente, la Reforma Educativa se concentró en la responsabilidad de formar maestros para la educación básica, la que estuvo centralizada por el Estado hasta el año

---

[11] Transformar la Educación para la paz y el desarrollo de El Salvador, Comisión de Educación, Ciencia y Desarrollo.22 de junio de 1995.

[12] En la afirmación de Carlos Navarro y otros en su obra titulada la Reforma Educativa en América Latina: una revisión de sus temas. Banco Interamericano de Desarrollo.

1981, en el año en que la Ciudad Alberto Masferrer fue cerrada; a partir de entonces la responsabilidad de formar maestros de educación básica pasó a los Institutos Tecnológicos, trasladándose así dicha responsabilidad a nivel superior.

Los modelos educativos que se comparan tienen por supuesto una diferencia: la reforma del 68 se diseña en un contexto histórico aparentemente pacífico que influye posteriormente en la evolución del conflicto armado, el cual tiene sus raíces a partir de la década de los setenta y que se desarrolla a lo largo de una década (1981-1991).

Una nueva reforma educacional: 1995.

La reforma del 95 es un modelo de posguerra, que es necesario ajustar para que el país pueda subirse en el "tren de la globalización". Ella es entonces una "reforma millonaria" como la denomina Aida Lima de Criollo.[13] En consecuencia, es importante advertir que: "mientras en El Salvador se resolvía el conflicto bélico, han ocurrido cambios importantes en el mundo, en el ambiente global en que El Salvador debe desenvolverse".[14] De esa forma, el sistema educativo que durante la guerra dejo de ser el aparato ideológico preferencial del Estado (AIE), es rescatado por los grupos de poder internacional para superar su crisis la que se caracteriza así: "El sistema educativo salvadoreño se encuentra en crisis.

Es oportuno recordar que el ideograma chino para representar la palabra crisis se compone de dos caracteres, uno que representa peligro y otro que representa oportunidad. Será necesario un sostenido diálogo nacional que se traduzca para poder actualizar el potencial contenido en la oportunidad de mejorar la educación de, con y para todos los salvadoreños".[15]

La crisis educativa del país no es nueva, ella se ha caracterizado en el pasado de la manera siguiente:" (...) el funcionamiento de la estructura

[13] Es una reforma que obedece a los grandes intereses transnacionales, a la globalización promovida por los países más industrializados del mundo.
[14] De la síntesis del Diagnóstico del Sistema de Desarrollo de Recursos Humanos de El Salvador conocido como el Informe de Harvard.
[15] De acuerdo con el Informe de Harvard.

del Sistema Educativo, particularmente su expansión obedece a la presión de las estructuras sociales más que a la presión de las estructuras directamente productivas- Agricultura e Industria- lo que, en último término, explica no correspondencia cuantitativa, sobre todo , entre oferta y demanda de recursos humanos de diferente nivel de educación".[16]

De cualquier manera, para la política educativa productiva están influidas por intereses extranjeros que, para mantener sus capacidades comparativas acuden a la reproducción de sus estructuras reponiendo sus capacidades productivas con tecnologías sofisticadas cuyo período de reposición es cada vez más corto y sobre los que, en apariencia, no parece existir control oficial relevante.

En esa perspectiva la Comisión de Educación, Ciencia y Desarrollo nombrada por el Presidente de la República Dr., Armando Calderón Sol para elaborar el informe antes indicado, sostiene que: "una política de desarrollo económico y social debe contemplar una política de desarrollo del elemento humano. Esto significa una política educativa congruente con las necesidades del país y con los recursos de capital físico existente, pero significa además adquirir, adoptar, y crear ciencia y tecnología por las partes gubernamentales y privadas"

La crisis educativa hay que superarla. En esas líneas, para poder responder a los desafíos de la economía mundial se hace necesario que en el país se examine la capacidad de las fuerzas productivas y de los conductores de la política de Estado para resolver los problemas de pobreza, el desmejoramiento de las condiciones de vida de la población, el ingreso, la movilidad social ascendente.

Es evidente que la Reforma Educativa no está diseñada en la idea de una política de Estado congruente con los grandes intereses nacionales. Por ello, es necesario que se perfile la relación de éstas con un proyecto o plan de nación.

Las reformas educativas a niveles nacionales y sub-nacionales son a la

---

[16] Reforma Educativa en el marcha. Documento II Consulta 1995. Ministerio de Educación Gobierno de El Salvador 1995.pág.18

vez una respuesta y un medio a través del cual la globalización impacta en lo social. En los últimos años, tanto los países centrales como los periféricos han tendido a aceptar una "nueva ortodoxia" de políticas educativas, que apunta a reforzar las conexiones entre educación, empleo y el mejoramiento de la economía nacional, reducir los presupuestos educativos, establecer controles centrales más directos sobre el curriculum y la evaluación, y buscar mecanismos de elección y descentralización hacia las escuelas. El escenario de política educativa que comienza a definirse en la década de 1980 se caracteriza por la búsqueda de la la ciencia y la calidad, orientado a la formación de recursos humanos que permitan aumentar la competitividad internacional de las economías nacionales.

5.1.1. Diagnóstico educativo nacional

La problemática educativa nacional es necesario estimarla en este marco contextual, en ese sentido se apunta a los problemas específicos de cada nivel educativo identificados en el "Informe Harvard"

Problemas de educación básica

Este nivel constituye la base del sistema educativo, Mientras todos los niños y niñas no accedan a la escuela mientras no tengan la oportunidad de aprender, será imposible modificar los bajos niveles de educación de la población.

Desde el punto de vista de los problemas de equidad mencionados anteriormente el principal desafío está representado en que hay un 15% de niños que nunca ingresan a la escuela, el cual representa el 25% de los niños de la quinta parte más pobre de la población. Además los niños pobres que ingresan a la escuela, lo hacen más tarde y permanecen en ella menor tiempo que los demás, por lo cual éstas deben ser las zonas prioritarias para expandir el acceso.

Desde el punto de vista de brindar educación de más calidad a quienes tienen acceso a la escuela, los principales problemas son: el poco tiempo que las escuelas destinan a este propósito; hay pocas horas clase al día; mucha inasistencia de maestros y muchas actividades escolares que compiten con actividades enfocadas en aprender las destrezas básicas de lecto-escritura y aritmética.

Por otro lado, las prácticas docentes a su vez limitan la oportunidad de que los niños aprendan, especialmente los niños que ingresan tardíamente a la escuela, que faltan frecuentemente por necesidad económica y que trabajan. Los maestros utilizan técnicas poco diferenciadas de enseñanza, la actividad del docente está centrada en el maestro y no centrada en el alumno, el aprendizaje tiene poca relación con el contexto en que viven los niños. Faltan recursos y materiales de enseñanza.

Por mucho tiempo la formación docente ha sido un tema ignorado en materia de política pública. Las escuelas normalmente donde se formaban maestros para escuelas de primaria fueron cerradas sin haber sido sustituidas por un sistema de formación profesional adecuado a los distintos niveles de los niños. Sólo durante los últimos dos años se ha iniciado el proceso de capacitación a docentes en servicio, enfocados en los maestros del primer ciclo de educación básica.

El informe sostiene que existen pocos recursos de aprendizaje en las aulas, y en particular pocos materiales a los que tenga acceso directo y continuo el niño. Otro problema en este nivel es que los padres apoyan muy poco el trabajo de la escuela. Los padres tienen relativamente, poca información sobre los beneficios de asistir a la, sobre las ventajas de que los niños se matriculan a tiempo, sobre la importancia de asistir diariamente y sobre las formas en que los pueden apoyar en el aprendizaje de sus hijos.

Problemas sobre la educación media

El informe sostiene que si bien el acceso a la educación media es relativamente restringido (sólo uno de cada cuatro alumnos en la edad correspondiente ingresa al bachillerato), esto se debe fundamentalmente a los pocos alumnos que culminan la educación básica.

La excesiva diversificación de bachilleratos generó problemas de eficacia en la administración de los mismos, lo que acarreó una baja calidad en la oferta educativa.

Los factores principales es la mala calidad de la educación de este nivel,- según el informe- son la fragmentación e irrelevancia curricular y la deficiente formación de los maestros.

Problemas de la educación técnica vocacional y de formación profesional.

El principal problema que se detectó en la educación técnica en su desvinculación con el sector productivo. Son escasas las instituciones que mantienen relación con el sector empleador y las que si la tienen, obtienen buenos resultados.

El sector es particularmente vulnerable en sus fuentes de financiamiento, con muy limitados aportes públicos y privados nacionales. Especialmente frágil es el sector de formación profesional financiado casi totalmente por donantes internacionales.

Problemas de educación no formal

Los problemas de este sector se concentran en cuatro grupos: políticos, financieros, sociales y educativos. Los primeros se refieren a la ausencia de luna definición clara de prioridades que oriente la acción del sector y la excesiva dependencia de proyectos con financiamiento internacional, lo e se traduce en que los esfuerzos del material, respondan a la multiplicidad de objetos de los donantes más que un marco de políticas y prioridades nacionales.

Los problemas financieros se refieren a los bajos niveles de esfuerzo nacional en el sector, a la baja capacidad de ejecución de los presupuestos de proyectos con financiamiento internacional en los Ministerio y a la excesiva proporción de los presupuestos destinados a salarios.

Los problemas sociales incluyen las dificultades derivadas de que la población beneficiaria vive generalmente en condiciones de pobreza y extrema pobreza, lo que dificulta su participación en proyectos educativos.

Hay una excesiva dependencia de los voluntarios y hay una excesiva fragmentación en los programas del sector, lo que resulta en duplicación y pérdida de esfuerzos.

Los problemas educativos incluyen la ausencia de un perfil del educador no formal, la falta de evaluación y sistematización de experiencias y la falta de curriculum común nacional para diversas modalidades de educación formal. La metodología preferida está centrada en el docente con pocas oportunidades de participación.

Problemas de educación universitaria

Un problema fundamental de la educación universitaria es su desvinculación de la realidad, que espera a los egresados en el mundo del trabajo. Otro problema que se percibe es la excesiva dependencia del financiamiento de matrícula en la universidad privada y del subsidio en el caso de la universidad de El Salvador.

Por otra parte, se observa, el bajo nivel de la educación que se ofrece en la mayoría de universidades. Tampoco existe información sobre el flujo de alumnos o los costos por graduado, lo que hace difícil tomar decisiones para mejorar la eficiencia de las universidades.

No existen mecanismos de acreditación a otros sistemas de evaluación y control de la calidad de la educación que se imparte. Dos barreras importantes a la calidad de la educación universitaria son: la deficiente preparación de los egresados de bachillerato; y las limitaciones de las universidades para renunciar adecuadamente a su personal, lo que restringe el tiempo que éstos pueden dedicarse a sus clases y a sus alumnos. [17]

---

[17] De acuerdo al diagnóstico del Sistema de Desarrollo de Recursos Humanos de El Salvador, proyecto del Harvard Institute For International Development con la colaboración de Fundación Empresarial para el Desarrollo Educativo (FEPADE) y la Universidad Centroamericana "José Simeón Cañas". El Salvador. 1994.

5.1.2. El financiamiento de la educación

En este diagnóstico, el financiamiento de la educación es un rubro que no puede quedar al margen, ya que en El Salvador, los recursos destinados a financiarla para las futuras generaciones han disminuido sistemáticamente durante lo que fue la última década de la guerra (1980/1990). Como porcentaje del Producto Interno Bruto (PIB), por ejemplo el gasto en educación se redujo de 3.6% en 1980 a 1.5% en 1992. Esto implica reducciones en el gasto público. En efecto, como porcentaje del total del gasto del gobierno, el gasto en educación disminuyó de 24% en 1980 al 13.6% en 1992.

Estas reducciones, en gran parte, forzadas por la guerra (1981-1991), tienen obviamente efectos en los recursos que el sector educativo puede financiar para lograr sus objetivos. El salario de los maestros en términos reales en 1992 equivale a 32% del salario en 1980. Las reducciones salariales afectaron más a los maestros que a otras profesiones.

Entre 120 países del mundo para los que existe esta información en 1988, sólo cuatro países invirtieron menos recursos en educación como porcentaje del PNB que El Salvador (Zaire con 1.4% Paraguay y República Dominicana con 1.5% y Haití con 1.6%) De igual modo, El Salvador está entre los nueve que menos recursos destinados por alumno en educación superior.

5.1.3 Administración de recursos

En el campo de la administración de recursos, los problemas de gestión se caracterizan por:

1. La ausencia de un proceso de definiciones de políticas.
2. No existe una visión que oriente los esfuerzos de desarrollo del sector.
3. El proceso presupuestario está desligado de la planificación.
4. La normativa jurídica es excesiva, anticuada y limita la posibilidad de conexión entre el sistema educativo y el desarrollo económico,

científico y social.

Toda esa problemática también tiene soluciones, entre ellas:

1) Asignar más recursos a la educación
2) Mantener la prioridad de la educación básica
3) Descentralizar la administración educativa
4) Estimular activamente la calidad en el sistema formal.

Los aportes obtenidos del diagnóstico justifican la necesidad de realizar una Reforma, así como una organización del sector para que la educación proporcione:

1) Los conocimientos y capacidades que garanticen igualdad de oportunidades y general condiciones que promuevan la movilidad y quedad social.
2) Se transforme en la herramienta más fuerte para aumentar el capital humano, para elevar su productividad y hacer más competitivo el país, por sus productos y servicios, ampliar las fronteras productivas, mejorar los ingresos, erradicar la pobreza crítica y mejorar el nivel y calidad de vida de toda la población.
3) Haga un educado empleo de los recursos, tratando de lograr eficiencia y eficacia.[18]

5.1.4 Propuesta gubernamental de la reforma educativa

La Reforma Educativa propuesta por el Gobierno del Dr. Armando Calderón Sol se sostiene en tres pilares fundamentales:

1) El mejoramiento de la calidad y eficacia de la educación.
2) La expansión y fortalecimiento de los servicios educativos
3) La modernización institucional del sector educativo.

Las perspectivas de esa propuesta como política de gobierno alcanzaron a través de la Comisión de Educación, Ciencia y Desarrollo, una proyección de trascendencia nacional, ya que ella fue concebida como un medio de transformación y desarrollo humano, democrático y socioeconómico, como afirma Norma Guevara.[19]

---

[18] El Salvador País de Oportunidades. Plan de Gobierno de la República de El Salvador .1994-1999

[19] Guevara, Norma. Transformar la educación para la paz y el desarrollo de El Salvador. Apertura No.3 Julio de 1995

La reforma va más allá de lo programático y su currículo, ya que intenta profundizar en el conocimiento de las asignaturas básicas; además, enfatiza en la práctica de los valores humanos. Ella hace una propuesta de capacitación, formación y actualización del personal docente, en apreciación de Sandra Vásquez de Barraza.[20]

Con todo lo bondadoso que sobre esta reforma se discurra, se hace necesario explorar su verdadero sentido nacional, es más, las fundamentaciones que en materia de política de Estado la orienta y, especialmente, si ella está respondiendo a los grandes objetivos e intereses de la nación salvadoreña.

5.1.5 Educación y Plan de Nación

En la actualidad se conocen varios proyectos de Agenda de Desarrollo o Proyectos de Nación, los cuales desde su propia perspectiva pretenden ofrecer un mapa de ruta al país, justamente porque con la finalización del cumplimiento de los Acuerdos de Paz, se percibe una especie de anomia, de estancamiento y de falta de rumbo de la nación.

Si bien no existe una fórmula mágica para apuntar la dirección que el ´país debe seguir, lo realmente importante es que se necesita un Plan de Nación que sustente la paz política, la paz económica y la paz social; asimismo, que posibilite que El Salvador sea capaz de enfrentar los retos y oportunidades del siglo XXI.

Estos retos, por supuesto que solamente pueden capitalizarse a partir del proceso de globalización, que tiende a ser una nueva forma de dominación y dependencia, y que exige que se desarrollen grandes esfuerzos encaminados a convertir el país en un lugar más atractivo para los inversionistas nacionales y extranjeros. Las tres áreas principales

---

[20] Democracia y Paz. Fundamentos de la Reforma Educativa. Apertura No.3 Julio de 1995

en los que se requiere trabajar con urgencia son:

1. La Formación del capital humano
2. La ampliación de la red de infraestructura para el desarrollo
3. El logro de mejoras permanente en las condiciones del acceso a los mercados internacionales [21]

De esta manera se facilitaría el acceso a nuevas tecnologías, sería posible adoptar métodos de producción más eficientes, se abrirán oportunidades para el aprovechamiento de economía de escala, y en suma, se crearían nuevas fuentes de empleo mejor enumeradas.

En esa explicación, es que se da prioridad a la educación, y fundamentalmente al diseño de una Reforma Educativa, que sirva a los intereses de esa globalización, para lo cual ya no solamente se necesita fuerza de trabajo calificada, sino capital humano altamente preparado para insertarse en las distintas actividades económicas, requeridas por las cadenas de la producción mundial.

5.2 Bases teóricas

Las bases teóricas del estudio son abordados a partir de un enfoque sociológico, político y económico articulado con la educación. En esa perspectiva el basamento de esta teorización se ha concebido para la discusión de la dirección que atiende la Reforma Educativa, la que es entendida como una estrategia de los grandes intereses transnacionales y nacionales para ocuparla como instrumento de regulación de la vida socioproducativa, cultural y política en el país.

La sustentación teórica está vinculada con el examen de la sociedad como hecho pedagógico y la educación como proceso social. Asimismo, se enfatiza en la relación de la educación con la política y el Estado, lo que también se vincula con la economía, el desarrollo y la democracia.

[21] Agenda para el Desarrollo Económico y Social de El Salvador. Colegio de Profesionales en Ciencias Económicas de El Salvador. COLPROCE. Agosto de 1995.

El marco teórico que se ha planteado se describe en los párrafos subsiguientes a través de su tratamiento concreto y especializado.

5.2.1 La sociedad como un hecho pedagógico

El pedagogo germano Ernest Krieck caracteriza a la sociedad en primer término como "convivencia y proximidad espacial"; en segundo, "sujeción a una norma superior, a un ideal "válido no sólo para hombres que viven un mismo tiempo, sino también para los que lo hacen en distintas épocas. Ambas características reunidas pueden ofrecer el siguiente concepto de sociedad: convivencia, proximidad y sujeción a una serie de pautas que unen las generaciones[22] pasadas con las presentes.

La reflexión sobre esta noción de sociedad, implica un concepto de educación. Desde lo social, ésta se propone, en una primera instancia, la asimilación de las generaciones jóvenes a las formas de vida de la generación adulta, o la elevación del ser inmaduro a un tipo medio de hombre considerado el propio de una sociedad que busca durar en el tiempo. De ellos, se concluye que uno de los mecanismos fundamentales inherentes a cada sociedad es eminentemente educativo, tano en su proceso de cohesión social como en la continuidad del sistema social.

La pedagogía tiene una relación directa con la sociedad, la calidad de la educación es también la calidad de la sociedad. La pedagogía tiene una gran responsabilidad en cualquier sociedad, la responsabilidad de enseñar a pensar y a adquirir las habilidades que permitan a sus ciudadanos vivir de manera más libre y democrática.

La pedagogía se refiere a todo lo que tiene que ver con la educación y la enseñanza, desde luego que esto debe de tener una finalidad práctica (aunque no sea la única).

---

[22] Ver Ernest Krieck, Bosquejo de la ciencia de la educación. Trad L Luzuriaga .Losada Buenos.1952

Toda sociedad necesita de un buen sistema educativo, mismo que permita no sólo preparar a las personas en las habilidades que el mercado laboral necesita, sino formarlos, precisamente, como personas.[23]

Los problemas más graves dentro de una sociedad no son causados por la falta de habilidades sino por la falta de valores. Los pedagogos tienen una gran responsabilidad en cuanto a la formación ética (tomando está palabra en su significado original de formación del carácter) e intelectual de los ciudadanos.

Si no existen las herramientas adecuadas para poder enfrentar con criterio las amenazas de la publicidad y de las ideologías, tendremos una sociedad presa del populismo y del consumo desmedido.

5.2.2 La educación como proceso social y su universalidad

La educación es un fenómeno y un proceso de características sociales. Su naturaleza está dada por lo social. Como proceso social general se detectan cuatro "hechos "fundamentales, según Fernando de Azevedo[24] , ellos son:

a) La coexistencia, en cada individuo de dos seres, que no se pueden separar, sino por abstracción: el segundo, constituido por un sistema de ideas, de sentimientos y de hábitos, que no manifiestan la individualidad, sino el conjunto humano al cual estamos incorporados.
b) La personalidad, en sentido físico es un dato originario, en sentido social y moral es el fruto de una elaboración, en la que juegan papel determinante un conjunto de adquisiciones relacionadas con el uso que ella tenga que hacer el grupo a que pertenece el individuo.
c) Esas adquisiciones culturales, constitutivas del ser social, se logran

[23] Sosa Iñigo, Bernardo. Relación Pedagogía-Sociedad. Cátedra Carlos Llano.
[24] De Azevedo, Fernando. Sociología de la educación F.C.E.México.1962.

mediante un proceso de transformación (educación), que posibilita la continuidad histórica de la sociedad.

d) Sustancialmente, el fenómeno educación consiste en esa transmisión de la herencia social de una generación a otra. Por ello permanece idéntico en su naturaleza, se da en todos los grupos sociales, y al variar las formas de estructura social, varían en consecuencia el contenido, los agentes y los procesos y las formas de esa transmisión (instituciones pedagógicas, sistemas escolares).

La educación como proceso social no puede entenderse sin su correspondiente conexión a un determinado contexto histórico social, caracterizándose ésta por ser, dialécticamente, causa y efecto a la vez, recibe de la estructura económica y de las relaciones de producción que definen su sentido y dirección y los condicionantes objetivos que lo determinan y a su vez contribuye a condicionar a cada una de las estructuras y procesos con que se relacionan y a los procesos de reproducción y cambio que ocurren en el desarrollo de las mismas.

En este orden, la vinculación entre educación y desarrollo personal y social no es una relación sin historia que se da igual en cada época o cada lugar, por el contrario, es una relación profundamente dialéctica cuya intensidad, velocidad de movimiento y consecuencias personales y sociales van a depender de la ubicación de la persona que aprende en la estructura social de clases y las circunstancias históricas de cada formación social.

No es igual hablar de la educación en la época feudal que en la capitalista, ni en las circunstancias del capitalismo sobre-desarrollado que la del capitalismo sub-desarrollado, ni siquiera la educación entre diferentes países de similares niveles de desarrollo, ni la educación para las diferentes clases y sectores sociales de un mismo país. No es igual la educación que reciben los niños y jóvenes de las clases acomodadas medias y altas, en los colegios religiosos y de origen extranjero, de las ciudades capitales de los países latinoamericanos, que la educación que reciben los niños y jóvenes pobres y en situación de pobreza extrema de las barriadas y comarcas de cualquiera de nuestros países. Así como la educación no es un proceso social fuera de la historia, tampoco es un proceso neutro.[25]

5.2.3 Educación y socialización

Todo proceso educativo lleva implícito un proceso de socialización, esto es, que además de la función manifiesta de enseñar y aprender, se da la función lateral del aprendizaje de roles por el solo hecho de participar en la vida social. La socialización es un proceso por cuyo medio la persona humana aprende e interioriza, en el transcurso de su vida, los elementos socioculturales de su medio ambiente, los integra a la estructura de su personalidad, bajo la influencia de experiencias y de agentes sociales significativos, como la escuela, y se adapta así al entorno social en cuyo seno debe vivir, en apreciación de G. Rocher.[26]

Debe advertirse que en la sociedad contemporánea- cualquiera sea el nivel de desarrollo de sus expresiones particulares, nacionales o regionales-está sometida a cambios permanentes o los reclama, el significado tradicional de socialización sólo será visto en parte. En consecuencia, habrá de pensar en una "socialización transformadora".
Por más que se lo proponga, la educación podrá cada vez menos "fabricar" simples reproducciones de situaciones pres existentes. Todo ello porque el futuro de la sociedad y ano puede ser el de su conservación lisa y llana, sino el de su evolución, cambio y transformación a la medida del hombre.

5.2.4 Educación, Política y Estado

Introducir esta temática obliga a plasmar lo que toca directamente a la educación en el período de la guerra que finalizó en 1992, ya que este

[25] Brígido, Ana María. Sociología de la educación. Editorial Brujas.2006.
[26] Rocher, Guy. Introducción a la Sociología. Edit. Harla. Madrid 1980

período (1981-1991) fue de represión, persecución y hostigamiento contra el magisterio nacional y contra intelectuales e instituciones educativas que se identificaron con la lucha del bloque tomado por el "Frente Farabundo Martí", FMLN y el "Frente Democrático Revolucionario"(FDR), que fue conocido por la voz pública como la organización del FMLN-FDR.

En aquel momento, el académico, Joaquín Samayoa sostenía que la profundización del conflicto político, la grave crisis de la economía y la abierta confrontación armada, configuraban una situación en la que resultaba, prácticamente imposible, diseñar e implementar planes y programas de mediano y largo plazo. En este sentido, en materia educativa, como en cualquier otro ámbito de la vida del país la educación no tenía alternativa [27]

El Plan que el gobierno del Ing. Napoleón Duarte impulsaba en la época de guerra se denominó "Plan Nacional de Desarrollo Cultural y Educativo", el que se proponía integrar a todos los salvadoreños a un proceso de educación permanente que permitiera contribuir de manera organizada, inteligente y responsable a la consolidación de la "nueva sociedad" mediante el integrado concurso de acciones culturales y educativas y de otros sectores que participan en el desarrollo nacional.

La preocupación fundamental del plan consiste en la cobertura del sistema, mientras tanto, en relación a la vinculación de la educación con la economía, el Plan se limitaba a hacer referencia vaga al desarrollo nacional.

Dado ese referente, la fundamentación teórica sobre este aspecto se concentra en los tópicos que se citan a continuación:

1) Educación y Política.
2) Pedagogía Política y Política educacional.

---

[27] Samayoa, Joaquín. Marco de Referencia para la discusión del futuro de la educación en El Salvador. Revista ECA No. 435-436. Enero-Febrero 1985.

3) El Estado y la regulación política de la educación

El desarrollo de esos tópicos se describe considerando que sustenta en buena parte una aproximación explicativa y esencial del fenómeno educativo. Esos tópicos se abordan a continuación:

1) Educación Política.

La proyección política del fenómeno y del proceso educativo forma parte de la naturaleza social de los mismos, por ser la política una expresión concreta de la sociedad, la cual a través de las opciones políticas se pluraliza y se individualiza en sociedades particulares.

La percepción de las relaciones entre lo educativo y lo político no es una novedad. Los griegos fijaron su atención en ellas según puede comprobarse en "La República "de Platón y en "La Política" de Aristóteles, simultáneamente verdaderos tratados sobre educación. La óptica política es actualmente aceptada aún por aquellas concepciones que hasta no hace mucho negaban politicidad al hecho educativo. En consecuencia, es válida la tesis de Francisco Gutiérrez cuando sostiene: "La escuela es la institución social que, por naturaleza, sus funciones y estructura cumple como ninguna otra con objetivos políticos, El sistema escolar de cualquier sociedad, es reflejo fiel de la política e ideología de los grupos gubernamentales o de los partidos políticos en el poder" [28]

La educación, es en parte considerada un hecho político, que implica una programación de la vida histórica generadora de una acción política, ejercida por los sectores que poseen algún tipo de poder para orientar la existencia de los grupos particulares o de la sociedad global. Se consolida así la tesis que ve la educación como "un asunto de poder" que, en alguna de sus instancias, requiere siempre decisiones políticas. Es más, el carácter político

[28] Gutiérrez, Francisco. Educación como praxis política. Edit. Siglo XXI 5ª. Edición México 1991.Pág.17

de la educación es reafirmas por Sheffield Banfield al sostener que: "el núcleo de la educación no lo constituye la pedagogía, sino la política. Y los fines de la educación no los determina, ni la ética ni la filosofía, de acuerdo con los valores de validez general, sino la clase dominante, en consecuencia con los fines de su poder" [29]

2) Pedagogía Política y Política Educacional.

El conocimiento y la profundización de los contactos de la educación con la vida política y el Estado, constituye la temática central de la pedagogía política, que no obstante, pertenece al vasto campo de las disciplinas pedagógicas, conserva sus vínculos con la sociología, la ciencia económica, las ciencias jurídicas, la historia y la filosofía.

Esa pedagogía política no es identificable con la llamada política educacional, aunque aquella pueda y deba ser uno de sus alimentos, y ésta un "laboratorio de prueba" de la primera. La pedagogía política es una disciplina teórica, mientras que la política educacional es netamente normativa, mientras y, como tal, realizable a través de una serie de acciones educativas y culturales, La política educacional entra en el aspecto dinámico y pragmático de la educación y depende de las circunstancias de la vida social en el marco de las orientaciones educativas que trazan las instituciones y los grupos sociales, en su carácter de "mandantes" o agentes pedagógicos.

Esta gama de fuentes o factores de la política educacional explica la vastedad que hoy ha alcanzado su concepto, más allá de la habitual definición de la misma que la constriñe a la intervención del Estado en la educación y la cultura del pueblo, como afirma Ricardo Nassif.[30]

---

[29] Bernfield, Siegfried. Sísifo o los limitantes de la educación S.XXI Buenos Aires. 1975.
Pág. 32.

[30] Nassif, Ricardo. Teoría de la Educación. Problemática pedagógica contemporánea. Cincel
Kapeluz. Madrid. 1983.

Sin entrar en diferencias sutiles, aunque sugerentes, que hace Cassini entre política educacional y política educativa, se encuentre en él una noción que refleja claramente el ensanchamiento de la misma. De acuerdo con su propuesta la política educacional cubre las teorías, planificaciones y realizaciones que integran la obra del Estado, de una institución o de una entidad con atribuciones de gobierno en materia de educación cultural.[31]

Esa política –sostiene Cassini-, que generalmente se halla en manos del Estado, puede también estarlo en la de otros agentes realizadores de la acción: las instituciones, en particular las religiosas (en el presente las fundaciones), la comunidad y la familia. Por consiguiente, a pesar de que el Estado es la entidad dotada de mayor poder para postular y ejecutar una política educativa, la fuerza educadora de otros grupos sociales los convierte en productores, reales o potenciales, de las políticas educativas.

Cualquiera que sea el órgano que la produce, la política educacional se impone por el poder real de quienes la formulan en proporción con su mayor o menor capacidad para manejar los asuntos sociales. Por eso, la idea de la política educativa está siempre ligada a la de gobierno y a la acción consciente destinada a mantener, estimular, cambiar o inhibir determinadas prácticas educativas.

Nassif sostiene que en la época actual, la política educativa guarda conexiones muy cercanas con el diseño de planes nacionales, para que los procesos educativos escolares y extra-escolares se integren en un programa conjunto. Esta es la prueba de que uno de los cambios fundamentales en la formulación y realización de las políticas educativas reside en su metodología. Ni el Estado, ni las instituciones hacedoras de políticas educacionales, son ya, autosuficientes para fundamentarlas,

---

[31] Fundamentos y alcances de la política educacional. Librería del Colegio. Buenos Aires.1972

proyectarlas y desarrollarlas.
La vida educativa se ha extendido tanto en la sociedad que es ella o alguna de sus partes, quienes condicionan, a través de muchos factores y tendencias, la aplicabilidad y el éxito de una u otra política educacional. La razón primera de dicho condicionamiento-no importa si no se lo interpreta de una única manera-es consecuencia de que la educación ha dejado de ser asunto exclusivo de uno o de otro grupo social, problematizándose así el principio de las exclusividades de la potestad educativa, incluso del mismo Estado.

3) Estado y la regulación política de la educación
   El Estado representa la concentración y el ejercicio del poder político de los sectores dominantes o más expresivos de cada sociedad particular. Por su misma naturaleza es un poder educador.
   Para definir o establecer los fundamentos y los límites de ese poder educativo, es adecuado seguir el enfoque de Fernando de Azevedo, para quien el Estado es la organización del poder político o del poder de dominación, cuya función esencial consiste en hacer reinar, en un territorio determinado, el orden interior y mantener la seguridad exterior, y que, sosteniéndose por la fuerza (no solo material), es un creador de derecho[32].

De Azevedo centra su concepción en el juego del poder y del derecho, como elementos que se alimentan y se limitan naturalmente en el órgano político jurídico superestructura de la sociedad. La juridicidad del Estado controla su voluntad de poderío y ésta cimenta su capacidad para carear derecho. En tanto atributos del Estado, el poder y el derecho enmarcan sus funciones y condiciones sus alcances para asumirlas en nombre de todo o las partes dominantes de la sociedad.

La fuerza pedagógica del Estado procede de su fundamento social. Obra

[32] De Azevedo, Fernando, Op cit.

por intermedio del poder en la regulación de la vida social, procurando una cierta armonía entre sus componentes o según los casos, a través de la imposición de algunos valores interpretados como factores de equilibrio.

En esta dinámica, la educación social que, primariamente, tiende a asegurar la cohesión y la continuidad del conjunto por la conservación, o su desarrollo por la renovación y la transformación. Sin embargo, la regulación educativa estatal-sostiene Nassif-, es legítima por algo más que la intención de conservar o transformar la sociedad. Halla su justificación en el carácter público de la educación, en tanto trasciende la esfera de lo individual de lo interpersonal. Cualquiera que sea su estructura o su orientación ideológica, el Estado, de algún modo, está constreñido a ocuparse de la educación que, no obstante, se realice por instituciones particulares, es siempre "cosa pública", de interés social. La educación privada es también pública y en este hecho radica una de las razones de la inserción de lo educativo en el círculo jurídico.

La regulación educativa es aplicada por el Estado, no sólo a los establecimientos docentes de su directa dependencia, sino también a aquellos que los particulares pueden instituir, Lo que varía es el grado y la amplitud del control entre los polos de absoluto intervencionismo y una cierta libertad ya que, en esta época el no intervencionismo estatal en la educación no se da prácticamente en ninguna parte del mundo.

A veces el Estado en el dominio pedagógico es cada vez más significativo y exigido por el crecimiento de nuevas fuerzas educadoras que no encajan en el sistema de la educación formal, aunque también, enfrentándose a la imposibilidad de un control total.

La mayor dificultad está en que la educación no formal progresa, no sólo paralelamente al sistema formal, sino también a sus expensas. La proliferación de formas educativas no instituidas, abre más ancho margen al despliegue de los aspectos creativos de la educación, aún en las sociedades más cerradas. Esto explica que, al no poder negarse la multiplicación de los procesos educativos, en el sentido de su extra-escolarización, hasta los Estados más rígidos de las sociedades postulan-aunque sea sólo a nivel verbal-, políticas educativas comparadas supuestamente en principios del desenvolvimiento de todas las capacidades, del mejoramiento cualitativo de la educación y de su expansión cuantitativa.

5.2.5 Reforma Educativa y Estado

Desde 1968 se está hablando con énfasis de la Reforma Educativa en El Salvador, sin embargo, es importante preguntarse: ¿Qué constituye la Reforma? Y para qué se implanta en la sociedad?. La primera respuesta que aparece es la de cambio, transformación y renovación del sistema educativo. Son las teorías de la sociología política de las reformas educativas las que las sitúan como proceso de regulación social por parte del Estado, implicando relaciones ente el poder y saber.

El Estado dirige la atención hacia las cambiantes relaciones de gobierno, de las que la escolarización es un concepto que presupone estructuras de gobierno en la sociedad en las que se reúnen lo macro y los micro problemas del Estado.

La preocupación por el Estado no sólo se refiere a las relaciones estructurales que existen entre la sociedad civil y la autoridad pública. Se ocupa también de cómo la gestión del Estado asume un papel crucial en la formación de la sociedad civil y de cómo la regulación es fundamental para la creación de valores en la sociedad.[33]

El compromiso del Estado con la escolarización se convierte en una importante preocupación moral y política en una sociedad justa y

---

[33] En la perspectiva de Thomas S. PopKewitz en su obra Sociología Política de las Reformas Educativas. Ediciones Morata. Madrid.1994

democrática, especialmente en la realidad nacional, que está en un dinámico proceso de transición y de transformaciones sociopolíticas y económicas progresivas y aceleradas.

La reforma educativa que se implanta en el país forma parte de ese conjunto de transformaciones que se están produciendo tanto en el ámbito nacional como internacional. La estructuración económica a través de la globalización es un motivo, pero se interrelacionan de tal manera con cuestiones culturales y políticas.

En el nivel institucional, las prácticas actuales de la reforma, modifican el significado del Estado. Con distintos puntos de incidencia las coaliciones en el gobierno, grupos profesionales, universidades, fundaciones y sindicatos (como se han representado en la Comisión de Educación, Ciencia y Desarrollo) han producido una pauta y dirección específica para la práctica educativa. La relación entre las prácticas discursivas de las distintas instituciones y los estratos de acción que se perciben en la reforma salvadoreña, forman parte de su reformulación.

Una pieza esencial de esta política de Estado debe estar dirigida a realizar una reforma integral del sistema educativo. Una gran reforma que parta del reconocimiento de que la educación es un bien público, y por lo tanto, una responsabilidad ineludible del Estado. Como bien plantea el premio Nobel de economía Joseph Stiglitz: "los bienes públicos son las cosas de las que todos nos beneficiamos, pero cuyo abastecimiento sería insuficiente (o sería absolutamente inexistente) si fuésemos a depender del sector privado".

Una reforma integral del sistema educativo implica atención relevante al tema de la cobertura y sus rezagos, pero también de la calidad. La calidad de cada nivel se va reflejando en el siguiente porque el aprendizaje es un proceso acumulativo de conocimientos y habilidades. No podemos pensar en una educación de calidad si los niños y jóvenes no saben leer bien, no entienden lo que leen; si tienen problemas para expresarse por escrito, con buena sintaxis y ortografía; si no tienen una comprensión adecuada del pensamiento científico y de la lógica matemática.

Mejorar la calidad de la educación es un proceso complejo porque involucra personas con orígenes socioeconómicos diversos, recursos financieros y tecnológicos, procesos de enseñanza y aprendizaje, planes de estudio y relaciones laborales. Una reforma integral de la educación que proyecte al país que se anhela con más justicia, con mayores capacidades productivas, que pueda competir en el plano mundial ante naciones que han cimentado su progreso y sus niveles de bienestar, justamente en la educación y en el conocimiento.

El Estado necesita de una reforma educativa que fomente fuertemente los valores cívicos y laicos, que promueva una sana convivencia social y el respeto de los recursos naturales, a la vez que genere las capacidades intelectuales, culturales y científicas que se necesitan en el mundo cambiante de hoy en día.

La reforma educativa que se proponga deberá girar en torno al proceso de aprendizaje y provea todos los recursos necesarios para la adquisición de los lenguajes que dominan en la actualidad el mundo globalizado, y de las habilidades necesarias para aprovechar las tecnologías modernas de la información y la comunicación.

El Estado deberá garantizar el financiamiento adecuado. Ni qué decir del mejoramiento de la infraestructura, el equipamiento y los materiales didácticos, el cómputo o los talleres y laboratorios de distinto tipo, incluyendo los dedicados a la enseñanza de idiomas. Todo eso está relacionado de forma directa con el mejoramiento de la calidad, pero no hay duda, un elemento central para lograrlo es la preparación y la dedicación del personal docente.[34]

5.2.6 Educación y economía

Los problemas educativos, especialmente en el plano de la macro educación, no hallan soluciones sin un decidido tratamiento de los vínculos que presentan los fenómenos económicos y los pedagógicos. Tales lazos han existido siempre, pero nuestra época ha acentuado sus perfiles dada la expansión de lo económico en la estructura social global, aumentada en las últimas décadas, por la industrialización y en el presente por la globalización. Lo económico tiene singular potencial en la determinación de las relaciones sociales. Y, en consecuencia, en la dirección y las relaciones educativas.

La relación entre el análisis económico y la educación se puede definir así:

a) La educación reproduce las relaciones económicas o de producción de cada sociedad.
b) La educación no sólo difunde y transmite conocimientos y tecnologías que alimentan el desarrollo económico, sino que también contribuye a incrementarlos.
c) La educación es un factor de producción, en la medida en que instrumenta la preparación de recursos humanos calificados para el crecimiento económico.
d) La educación amplía las necesidades humanas, incluidas las de consumo

La educación amplía las necesidades humanas, incluidas las de consumo

e) La educación es rentable y ha de tomarse como una inversión económica social.
f) La educación es un medio de movilidad y diferenciación social[35]

El enfoque económico de la educación se justifica, esencialmente, por dos

---

[34] Guevara Niebla, Gilberto. La Reforma Educativa. Editorial Cal y Arena.

[35] La Educación y el desarrollo. Aspectos económicos y sociales del planeamiento de la educación. UNESCO. Paris.1965.

hechos: la tendencia de toda estructura económica a reproducirse o difundirse mediante la creación de determinadas formas educativas; y, el valor económico de la educación, históricamente paralelo a la valoración económica de la ciencia y la tecnología.

El primer hecho expresa la energía pedagógica de la economía, esto es, su carácter d poder educar, condicionante o coadyuvante más nunca ausente de la plasmación de modelos educativos coherentes con los modelos económico. Los pedagogos han tenido que fijarse más en el primer hecho y los economistas han dado preferencia al segundo, pero lo cierto es que, a partir de la interrelación de ambos enfoques, ganar terreno y toma cuerpo la economía de la educación o economía pedagógica.[36]

La misma interrelación también hace sentir sus efectos en la organización de los contenidos educativos que ya se abren a fin de incorporar el elemento necesario para una educación económica. No sólo para preparar recursos humanos capaces de satisfacer las exigencias del desarrollo económico, sino- también en el marco de la educación general-, con el propósito de dar al hombre y a la mujer una conciencia nítida del rol de las relaciones productivas y del significado de la vida económica sin olvidar, también, el ejercicio de las capacidades críticas que protejan a ese hombre de los consumismo alienantes de la personalidad.

Con el fin de evitar las tan comunes desviaciones del "economicismo" y hasta del "pedagogismo" es imprescindible aplicar una visión una visión que considere a la economía como una de las formas de vida de la sociedad, del mismo modo como lo son, por ejemplo, la política y la misma educación.

5.2.7 Desarrollo y educación

Hablar de la educación para el desarrollo es imprescindible ya que, en el

[36] De acuerdo con R Nassif.

análisis de esa fórmula, es donde surgen y se responden las interrogantes sobre el tipo de educación (aspecto cualitativo), conforme a un modelo de desarrollo derivado de un modelo societal. Esta correspondencia de modelos suscita las dos interrogantes que, en última instancia son dos caras de la misma cuestión.

Establecer el tipo y la cantidad de educación para una u otra forma de desarrollo, entraña preguntarse sobre el modo de desarrollo para el que se proyecta una cierta educación. En la fórmula educación para el desarrollo, la educación se comporta como instrumento, rompiendo el pedagogismo.

En este contexto caben otras fórmulas como la de "educación en el desarrollo" y educación por el desarrollo. La primera destaca el significado de la educación como uno de los componentes del proceso de desarrollo, esto es como otra de la variable o dimensiones, La educación adquiere el derecho de ser una de las variables del desarrollo y no sólo su instrumento en el movimiento dialéctico de sus componentes.

La fórmula educación por el desarrollo pone el problema en otro plano, al convertir ese mismo proceso en un "poder educador", en una serie dinámica de estimulaciones que influyen en la configuración personal y social de los agentes del desarrollo global. En esta perspectiva alcanza relevancia el tipo y la metodología del desarrollo ya que éste puede adquirir el rango de un verdadero poder educador, si responde a un modelo de participación. Si se da la participación amplia en la planificación y en su aplicación, el mismo proceso planificador estimula las capacidades de los participantes.

El modelo de desarrollo puede ser, como sostiene Boclart[37], una traba o un marco para la educación, según aquél se maneje con el quietismo

[37] El desarrollo, ¿Traba o marco para la educación? En Perspectiva, Revista Trimestral de Educación de la UNESCO. Santillana, Madrid, No 4. 1974.

tradicional, o sea, por el contrario, dirigido por los senderos de la innovación sentada en un concreto humanismo social.¿Hacia qué tipo de desarrollo debe apuntar la educación? En verdad los objetivos del proceso educativo deben formularse de acuerdo con las necesidades más sentidas de la sociedad, además deben impulsarse hacia una práctica a realizable. En consecuencia, la Declaración de México en 1980 sostiene que: "Una nación desarrollada es aquella cuya población es informada, culta, eficiente, productiva, responsable y solidaria". Asimismo indica que el desarrollo no puede medirse sólo con los bienes o los recursos de que dispone una comunidad-que son los que nos traen los macro indicadores-, sino, fundamentalmente, la calidad de las personas que los producen o los usan.

A partir de esta percepción del desarrollo, la calidad de la educación es la política total de un sistema educativo moderno, pues de ahí saldrá el ser del hombre a que se refiere la frase más sabia de la Declaración de México: "Qué es el ser y no el tener lo que deberá ejercer primacía en la concepción y orientación de las políticas globales del desarrollo de los países", de acuerdo con Manuel Luis Escamilla.[38]

5.2.8 Educación, Desarrollo y Democracia

La educación es un proceso permanente que prepara para la auto posesión y la autoconciencia, en busca de una personalidad armónica y equilibrada, y para que la persona avance hacia su perfección relativa, (perfectibilidad) y la de la sociedad en que está inserta. Además ella debe ser el laboratorio vivencial de la libreta y la responsabilidad y para ello se debe trabajar incesantemente para propiciar y reforzar, en las personas y en el grupo, la conciencia de su responsabilidad y del valor de sus decisiones y actos. Nada de lo que haga en educación puede ni debe trastocar el proceso integral de la persona.

Los pueblos están día a día en la búsqueda de nuevos modelos de

[38] Escamilla, Manuel Luis. Educación, Universidad y Filosofía. Op.cit.

organización democrática que responda a sus aspiraciones. En ese sentido, la democracia garantiza un máximo de libertad, limitada por las leyes y el bien común. El ideal democrático comprende la libertad, la igualdad, la fraternidad y la justicia social. Son esos valores los que permiten que el hombre contemporáneo luche por asumir un papel protagónico, activo y consciente de su desarrollo personal y en el de la sociedad en que se desenvuelve.

La educación se convierte en recurso poderoso de formación para la democracia participativa y el desarrollo, si la considera instrumento de cambio y si despierta el amor por el saber, el descubrimiento, la creatividad y el proceso de aprender a aprender.

La educación ha de tener en el centro de su interés a la persona del educando. Y esta, entendida en sus dos dimensiones que la integran: sus capacidades cognitivas, emocionales y espirituales; pero también como ser social que se complementa a sí mismo, en tanto vive en relación con los demás, participa como ser social, y toma decisiones con otros para mejorar y/o transformar la sociedad. Por tanto, la persona del educando se perfecciona a sí misma, en tanto logra armonizar en su formación de forma equilibrada ambas dimensiones.

La educación democrática es, por ello, cada día más, una clave esencial, no solo para que la educación sea vivenciada como un proceso democrático de construcción, sino también, prefigurando el futuro de los educandos, de manera que logren ser ciudadanos democráticos, participando en la vida pública, luchando por sus derechos, cumpliendo sus deberes familiares, institucionales y sociales, y participando e incidiendo en transformar el tejido social e institucional y la sociedad misma.[39]

---

[39] Gil, Lucio. Educación en y para la democracia. El Nuevo Diario, Edición del 6 de marzo de 2016. Nicaragua.

La finalidad del desarrollo es el ser humano y se considera un proceso de cambio, pasar de formas menos humanas a otras más humanas. Así concebido, se ocupará el desarrollo del "ser más" que del "tener más". En consecuencia, el Estado debe promover ese desarrollo encarrilándolo a través de la participación[40] ciudadana.

5.2.9 Educación y Plan de Nación

La exploración conceptual de la temática evidentemente conduce a construir con limitantes esta visión entre Educación y Plan de Nación en El Salvador. Desde 1995, cuando los acuerdos de Chapultepec, administrativamente culminaban se iniciaron las primeras experiencias sobre un Plan o Proyecto de Nación, así han surgido en el ambiente educativo sugerencias para relacionar la temática sobre educación y Plan de Nación. En esta dirección, se entendió que el Plan de Nación sería el nuevo mapa de ruta de El Salvador, En consecuencia, ese Plan de Nación tendría las siguientes interrogantes:

a) ¿Quiénes somos? (presente)
b) ¿De dónde venimos? (pasado)}
c) ¿Qué queremos? (futuro)
d) ¿Qué podemos ser? (tiempo y espacio histórico)

Ese Plan Nacional, además implicaría los grandes propósitos nacionales los intereses y el planteamiento de soluciones a los grandes problemas nacionales. La idea de un Plan de Nación implica los grandes propósitos nacionales, los intereses y el planteamiento de soluciones a los grandes problemas nacionales. DE esa forma se propone: "Un país donde impere la paz, la equidad, la seguridad ciudadana y el Estado de Derechos". Además "que cuente con una economía sólida competitiva, que sea líder a nivel regional..."[41]

---

[40] Herrera Araya, Marvin .Educación para la participación en el proceso político. La educación Revista Interamericana de Desarrollo Educativo No.100.Departamento de Asuntos Educativos. Secretaria General de la Organización de los Estados Americanos. Washington.1987

[41] Lecciones de un viaje, La necesidad de una visión de Nación para El Salvador en el siglo XXI.

En el contexto de esa visión, la relación con la educación está referida a la asignación de mayor porcentaje del presupuesto nacional a la inversión en capital humano. Desde esa vinculación se considera que el sistema debe ser capaz de formar ciudadanos con mentalidad empresarial y de progreso, dotados de suficientes herramientas gerenciales, técnicas y científicas.

La propuesta de un Plan de Nación implica la creación de una sociedad abierta, es decir equitativamente en su oferta de oportunidades y abierta a la innovación; en consecuencia, la educación tiene en este sentido la posibilidad de potenciar una relación más sincera entre Sociedad Civil-Estado.

Esa proyección implica que el Estado debe garantizar el máximo nivel de integración social, en donde la educación está llamada a jugar un papel clave para promover el sentido de nación entre[42] los salvadoreños.

6. Metodología utilizada

La metodología utilizada se fundamentó en el método científico y el auxilio de los métodos inductivo, deductivo y reflexivo. Las técnicas que se usaron para procesar la información fueron el análisis de contenido, así también la síntesis bibliográfica y documental.

En el procedimiento metodológico se procedió a reunir la información contextual; además, se incluyeron comentarios, entrevistas a personalidades relacionadas con la temática, así también el acceso a fuentes primarias, secundarias y cibernéticas.

---

[42] Briones, Carlos. Hacia una sociedad abierta. Revista Tendencias No. 50. Abril 1996 pág.22-A

CAPÍTULO SEGUNDO
LA TRANSFORMACIÓN DE LA EDUCACIÓN EN EL SALVADOR

El objetivo de este capítulo consiste en describir el proceso de transformación de la educación nacional en el contexto de la transición política del país haciendo énfasis en sus antecedentes inmediatos, en la política de transformación socioeducativa del Gobierno del Dr. Armando Calderón Sol y el Plan Decenal de la Reforma Educativa 1995/2005.

1. Antecedentes inmediatos

Los apología de la Reforma Educativa 1995-2005, sostiene que esta es una expresión del proceso de diálogo que el país vive después de la firma de los Acuerdos de Paz de 1992, y que ella se ha expresado en la propuesta de la Comisión de Educación, Ciencia y Desarrollo, la que es valorada como una consulta del Estado a un grupo representativo de la sociedad civil, sin embargo, esta percepción más debe comprenderse como una consulta del Gobierno del Dr. Armando Calderón Sol a un grupo heterogéneo ideológicamente hablando, de la sociedad.

En ese hecho el que podría considerarse como el paso clave para iniciar los cambios en la educación nacional, la que al ser evaluada en 1978 a través de la "Reforma Benekiana" presentaba las características que se citan a continuación.

1. "Está desligada de operar un cambio radical y profundo en el sistema socioeconómico en el cual vivimos. Es más, su fundamento doctrinario inspirado en corrientes filosóficas norteamericanas ya superadas en los mismos Estados unidos, hace caso omiso incluso de la nueva orientación pedagógica que en América Latina se ha gestado: una pedagogía de la liberación.
2. Agudiza la dependencia científica, tecnológica, cultural, económica y política ya que en el fondo la Reforma lo que hace es adecuar y modernizar el proceso educativo a las nuevas necesidades del capitalismo. De ahí su énfasis en el

nivel medio para preparar mandos de nivel intermedio.

3. La Reforma desatiende por completo la educación en los grandes sectores populares y su dirección ideológica es para formar[43] hombres que se inserten y defiendan al Sistema Capitalista.
4. En El Salvador, como en todo país capitalista dependiente, la explotación de una inmensa mayoría de población por una minoría privilegiada y su aliada, el imperialismo Yanqui es cada vez más aguda.
5. Los verdaderos objetivos de la Reforma son perfeccionar la maquinaria ideológica en función de los intereses de la Burguesía criolla e imperialista; más inversión para la Televisión Educativa, más impulso a los Bachilleratos Diversificados".[44]

Como puede percibirse la Reforma Educativa de 1968 respondió a una política de Gobierno comprometida con un modelo desarrollista, es más a los intereses de un reformismo pro-imperialista.

La Reforma Educativa del 95 si bien parte del diagnóstico de la educación nacional, también está respondiendo a los grandes intereses del orden internacional, es decir de la globalización de las economías, en donde la educación, ciencia y la tecnología son requerimientos para el desarrollo humano, y condicionantes para el desarrollo económico y el crecimiento, la base del bienestar social y la estabilidad política.

La educación debe entonces desarrollar y potenciar el recurso humano en función de asegurar una adecuada inserción y relación con su medio ambiente natural y su entorno político, económico y social.[45]

---

[43] Declaraciones del X Congreso de ANDES 21 de Junio Ayagualo .1974

[44] Las características están plantadas a partir del enfoque educativo de "ANDES 21 de Junio y el Primer Seminario sobre la Reforma Educativa". San Salvador, marzo de 1978.

[45] González, Luis Armando y Sermeño, Ángel Análisis sociológico de la propuesta de la Comisión Nacional de Educación y Desarrollo. Seminario de Educación de Adultos. Universidad Francisco Gavidia. Noviembre 1995.

La transformación educativa es una exigencia para posibilitar el cambio de mentalidad de los salvadoreños, para superar la mentalidad improductiva, de la cultura del rechazo, la corrupción y la inmunidad, en aseveración de L. González.

¿Qué significa transformar la educación? Por lo menos implica conocer el entorno y responder a los valores y desafíos de nuestra sociedad, La generación de riqueza y bienestar requieren educar para que los educandos puedan integrarse a la realidad, conociéndola, criticándola, y además transformándola en función del desarrollo humano y social.
En esa transformación, la Comisión de Educación, Ciencia y Desarrollo de intereses entre una aparente política educativa de Estado y una real política específica de gobierno , define la educación, no como un hecho, ni como una pauta de la cultura, sino como un instrumento; asimismo, de manera ambivalente se refiere a la reforma educativa como cambio educacional y transformación educativa, con el objeto de no provocar tensiones en la dirección que el Estado le dará y en donde él asumirá el rol de regulador de la escolarización.[46]

En consecuencia esa transformación o cambio educacional, según la Comisión requiere de los elementos que se citan a continuación:

a) Una reorientación de la educación definida y ejecutada con independencia de factores políticos/ partidarios, gubernamentales y otros de carácter temporal y parcial; pronunciándose en favor de una educación democrática.
b) Una reflexión sobre los valores que la educación debe transmitir, despertar y formar, así como los complejos procesos y factores que intervienen en la formación de los mismos.
c) La ubicación de responsabilidades para cada uno de los agentes o instituciones que intervienen en la educación, tales como la normativa constitucional y secundaria, la responsabilidad de las

---
[46] PopKewitz, Thomas. Op. cit.

instituciones y del Estado, de la familia, la sociedad civil organizada como agente educacional, como entidades privadas, asociaciones de padres de familia y los medios de comunicación. La Comisión destaca el papel de Estado en la política educacional, sus limitaciones, la importancia de incrementar la inversión en este ramo, de fortalecer y hacer partícipe a la familia y de aprovechar el potencial de los medios de comunicación.

d) La estructuración de objetivos pertinentes y la adecuada organización de los niveles educativos orientados a asegurar una educación de calidad y excelencia.

e) El reconocimiento al papel especial del magisterio nacional en el sistema educativo nacional en el sistema educativo y el necesario proceso de transformación. Se considera que la valoración de este elemento es indispensable para viabilizar cualquier política educativa.

   La comisión enfatiza la urgencia de valorar, comprometer, concientizar y hacer partícipe a maestros y maestras para ese cambio, señalando aspectos y mecanismos que lo hagan posible.

f) Se considera consustancial a esa transformación educacional, la necesidad de una mentalidad científica para explicar nuestra realidad y para concurrir, con mayor energía, al desarrollo científico y tecnológico de nuestro tiempo. Como mentalidad y como práctica, el estímulo de la ciencia requiere abordaje mentalidad y como práctica, el estímulo de la ciencia requiere abordaje urgente y variados caminos.

g) La atención al cultivo de la sensibilidad estética es una vía que permite hacer efectivo el esfuerzo de educación y valoración de los recursos en un entorno de paz y democracia [47]

Se está ante una transformación educativa que impuesta desde afuera, es decir, por los inversores transnacionales ha buscado la coalición y el apoyo de los grupos de oposición para que contribuyan a la

[47] Desde la perspectiva del contenido global del informe presentado por la Comisión.

reconstrucción de la sociedad salvadoreña, para lo cual ha logrado una especie de consensos y de diálogo, con miras a aumentar la participación de la gente en las decisiones que se tomen en todos los niveles y componentes que la reforma educativa contiene.

El discurso de la Comisión, que no es ni filosófico ni significativamente educativo, es más una declaración política y pública sobre la reforma orientada a llevar a todos los salvadoreños hacia un humanismo centrado en valores y donde la democracia no esté concebida como un sistema político, sino como un método, y donde la paz que es un derecho de los pueblos, los llamados "doce apóstoles de la educación" la desvaloran como ideas de equilibrio, desde su dimensión social.

La transformación educativa en El Salvador es un proceso complejo que incluye un camino en los planes de orden jurídico, administrativo o financiero. Es más, puede implicar transformación de currículo, del tipo de recursos educativos, del uso de la infraestructura y equipo, de la planificación y organización institucional. La realización de esos cambios puede abarcar decisiones y acciones d personas que van desde la cúpula ministerial hasta padres de familia y alumnos.

La idea fundamental del proceso de transformación educativa requiere de intervenciones en tres niveles fundamentales: el nivel de las políticas educativas, el nivel de las instituciones educativas y el nivel del aula.

El plano de las políticas educativas incluye definición de los fines de la educación, los sistemas administrativos y de financiamiento, el uso de los recursos (del tiempo de los alumnos, los materiales, los maestros y maestras), de los marcos institucionales para la participación de la familia, la comunidad u otras organizaciones de la sociedad. El plano de las instituciones educativas incluye aspectos como la importancia que ese asigna al logro de aprendizaje, el nivel de formalidad en la administración de los centros educativos y el grado de eficiencia de la organización escolar, incluyendo la participación de la comunidad.

A nivel de aula la transformación educativa incluye las prácticas de los maestros, la organización del tiempo, el uso de recursos didácticos, los mecanismos de evaluación, la aplicación del curriculum, entro otros.[48]

2. La política de Transformación Socioeducativa del Gobierno del Dr. Armando Calderón

El objetivo central del Gobierno de El Salvador es transformar en el marco del quinquenio 1994-1999 el enfoque de la educación y la cultura, para que la educación se convierta en la herramienta clave para el desarrollo económico, social y político sobre la base de una economía moderna, competitiva y abierta que, a su vez sustenta el continuo fortalecimiento y perfeccionamiento del sistema democrático.

Los objetivos que se propone en este campo son:

1) Aumentar la cobertura, principalmente de Educación Parvularia y Básica.
2) Mejorar la calidad, eficiencia y eficacia del sistema educativo.
3) Reducir significativamente las tasas de deserción y repitencia escolar y mejorar el rendimiento académico de los niños.
4) Apoyar la formación y motivación docente.
5) Modernizar la supervisión y gestión del sector.
6) Reducir sustancialmente la tasa de analfabetismo.
7) Ampliar las oportunidades de acceso a la Educación Media y mejorar su calidad al igual que la Educación Superior, Técnica y Vocacional.
8) Rescatar los valores culturales salvadoreños.
9) Ampliar las oportunidades de educación a discapacitados.
10)Ampliar los servicios de educación física.

Para lograr esos grandes objetivos se estructura una estrategia basada en tres ejes o pilares:

---

[48] Reimers, Fernando. La formación de recursos humanos: desafíos y oportunidades. La educación en El Salvador de cara al siglo XXI.UCA editores. San Salvador.1995.

1) Reforma del Sistema Educativo.
2) Incremento sustancial de asignaciones presupuestarias de funcionamiento e inversión.
3) Ampliación y fortalecimiento de la participación.

Los principios básicos de acción de la estrategia son:

1) Focalizar los recursos humanos, materiales y financieros en le Educación Básica
2) Efectuar la modernización institucional y descentralización de los servicios educativos
3) Lograr la participación de las comunidades y del sector público en la administración de la educación.
4) Buscar las mejores opciones de atención a las necesidades educativas.

La focalización implica que los recursos humanos, materiales y financieros continuarán siendo orientados hacia el logro de un incremento de cobertura y realidad de la educación parvularia, básica y media durante el quinquenio a fin de ir ampliando las oportunidades cada vez a un mayor número de jóvenes, para avanzar hacia niveles de educación más altos.

La modernización institucional integrará estrategias de descentralización de los servicios educativos y para cumplir la participación de la comunidad y de otros agentes en la administración de la educación. Esto es fundamental, ya que se ha comprobado que la centralización de acciones y funciones del Ministerio de Educación (MINED) impide una mejoría sustancial en la cobertura en el desarrollo educativo. La descentralización permitirá asegurar la eficacia del poder local, habilitándolo para tomar decisiones en los campos de su competencia y estimulando la iniciativa y creatividad de la comunidad.

La búsqueda y ampliación de nuevas opciones de atención a las múltiples necesidades educativas del sector se base en criterio de eficiencia y eficacia de la capacidad institucional del MINED.

La Reforma Educativa contempla tres grandes líneas de acción:

a) El mejoramiento de la calidad y eficacia en la educación.
b) La expansión y fortalecimiento de los servicios educativos.
c) La modernización institucional del sector educativo.

Para elevar la calidad y eficacia de la educación, las acciones se concentran en seis campos:

1) Mejoramiento del currículo en los niveles de parvularia, básica y media.
2) Producción y provisión de recursos didácticos y de apoyo al desarrollo curricular
3) Formación y capacitación de recursos humanos para las escuelas, con modalidades innovadoras incluyendo simulación, métodos y técnicas de aplicación práctica
4) Análisis y evaluación de los procesos de aprendizaje.
5) Supervisión educativa.
6) Educación alimentaria y nutricional, asimismo para la salud.

Para el mejoramiento de la educación y acrecentar el aprendizaje de los alumnos es fundamental elevar la preparación y motivas a los maestros, mediante entrenamientos sucesivos en aspectos científicos y pedagógicos; de igual forma, motivación por la enseñanza-aprendizaje.

Para fortalecer y expandir los servicios educativos se contempla la ampliación de la modalidad de la Educación con Participación de la Comunidad (EDUCO), y la participación comunitaria con el apoyo de las organizaciones no gubernamentales. (ONGs).

La modernización del sector educativo persigue establecer una estructura institucional y organizacional, sustentada por un adecuado marco legal que le permita al MINED ejercer su papel en los campos de la planeación, normación, evaluación y la provisión descentralizada de los servicios educativos. En el marco de la política se advierte el interés del gobierno por lograr un incremento sustancial de las asignaciones presupuestarias de funcionamiento e inversión deslindadas del sector.

Debido a que el desarrollo económico no incrementa automáticarnente la cantidad o la calidad del desarrollo humano, el Gobierno de El Salvador ha decidido aumentar (desde 1995) progresivamente la asignación de recursos al sector educativo y a otras oportunidades de aprendizaje. Esta decisión deliberada de gestión tendrá mayor validez en la medida en que se mantienen las reformas. A fin de garantizar el uso más eficiente y eficaz de los recursos y lograr un fuerte impacto social y económico en el mediano plazo ampliando y mejorando el servicio de educación en todos los niveles.

Para mejorar la calidad, eficiencia y eficacia de la educación se ha construido una visión moderna, democrática y participativa. Con esta visión se busca estimular, ampliar y fortalecer la participación de los padres y madres de familia, la comunidad organizada y las ONGs en la administración de la educación y la contraloría social sobre la calidad de los servicios que se brindan. Los padres y madres de familia son los que deben tener la mayor responsabilidad en la función contralora, ya que ellos tienen el mayor interés en obtener una educación de calidad para sus hijos.[49]

3. Plan Decenal de Educación (1995/2005)

El enfoque del Plan Decenal de la Reforma Educativa comprendido en el período 1995-2005[50], gravita en torno a 4 ejes fundamentales:

1) **Cobertura.** Este eje implica: a) Creación de nuevas modalidades de provisión de servicios; b) Aumentar la participación de la

[49] El planteamiento global de la política está sustentado en la perspectiva ofrecida por el Plan de Gobierno de la República de El Salvador. 1994-1999.

[50] Lineamientos del Plan Decenal 1995/2005. Ministerio de Educación. Gobierno de El Salvador. El Salvador. 1995.

sociedad civil; y c) Ampliación de la red de Infraestructura.

2) **Mejoramiento de la calidad**. En este eje se consideran: a) cambios curriculares; b) Programas de atención integral; c) Formación y capacitación docente; y d) Formación en Valores.
3) **Modernización institucional.** Este eje está referido a los aspectos que se indican a continuación: a) Redefinición del rol asignado al MINED; b) Reforma administrativa, descentralización, desburocratización y modernización de los sistemas técnico-administrativos; y c) Reforma del marco legal y regulatorio para actualizarlos, integrarlo y simplificarlo.
4) **Formación de valores humanos, éticos y civiles.** En este je ese han estimado las áreas que se citan a continuación: a) Capacitación docente; b) Educación formativa y participativa; c) Creativa; d) Disciplina y esfuerzo personal; y e) Trabajo en equipo.

La ampliación de la cobertura se realiza a través de los programas que se identifican a continuación:

1) Expansión del Programa EDUCO en el área rural hasta 6º. Grado. Este programa tiene como objetivo garantizar que los niños y niñas que ingresaron desde parvularia a primer grado en 1992 logren legar hasta 6º. Grado.
2) Aulas alternativas. Tiene como objetivo posibilitar el acceso a la educación en las comunidades que presentan bajos índices de población estudiantil.
3) El Fondo de Innovaciones Educativas. Tiene como objetivo estimular a la comunidad para que participe en la búsqueda de formas innovadoras de impartir educación, garantizando servicios que amplíen la cobertura, eleven la calidad y la eficiencia.
4) Escuela Saludable. Tiene como objetivo mejorar el estado de salud, educación y nutrición de los niños y niñas en los niveles de parvularia y educación básica en las áreas rurales y urbanas- marginales.
5) Ampliación. Rehabilitación y Mantenimiento de la red de infraestructura escolar. El objetivo de largo plazo es la construcción de instalaciones educativas de Parvularia, Básica y Media,

especialmente en el área rural. Se incluye la rehabilitación o ampliación de la infraestructura ya existente tanto en el área urbana como rural.

6) Ampliación del programa de Alimentación Escolar. Este programa tiene como objetivo fundamental mejorar las condiciones nutricionales de los niños y niñas de manera que se incremente su nivel de asistencia y rendimiento escolar, lo que ayudará a bajar los niveles de repitencia y deserción.

La Reforma Educativa impulsa medidas pedagógicas y administrativas tendientes a la mejora cualitativa del sistema que incluye la revisión de los objetivos y contenidos de los programas de enseñanza (reforma curricular), a fin de asegurar la suficiencia y relevancia.

Por otra parte, el MINED impulsa la conformación y puesta en marcha de un sistema de evaluación que pretende ser el instrumento que permita retroalimentar constantemente el proceso de la Reforma, constituyéndose en un sistema de información que facilitará el conocimiento, el análisis y la evaluación de los resultados del quehacer técnico-pedagógico y de la gestión del MINED, con la finalidad de apoyar la toma de decisiones estratégicas para la mejor orientación del Sistema Educativo Nacional.

En relación al sistema de formación y capacitación docente la Reforma educativa destaca los aspectos que se indican a continuación:

1) Establecimiento de un sistema de capacitación;
2) Formación docente;
3) Escuelas modelos; y
4) Centros de capacitación.

En relación al establecimiento de un sistema de capacitación se propone la Reforma que incluye:

a) Implementación de un sistema permanente de capacitación;
b) Mayor coordinación con las instituciones formadoras para incluir la

capacitación pre-servicios; y
c) Implementación de un sistema de evaluación del desarrollo docente con fines de retroalimentación.
Para la formación docente las propuestas del Plan Decenal comprenden:
a) Diagnóstico de necesidades para la formación de maestros.;
b) Diseño e implementación de un Sistema Nacional de Formación de Maestros para los distintos niveles, modalidades y especialidades del sistema educativo;
c) Diseño e implementación de un sistema de seguimiento, evaluación y retroalimentación posterior a la formación.; y
d) Fortalecer el apoyo estatal para la formación de maestros.

El Programa de Escuelas Modelos para el desarrollo educativo es una iniciativa que tiene como propósito transformar la escuela tradicional en un modelo. Para lograr ese objetivo, se organiza una escuela modelo en cada distrito educativo, en los que se integran sistemáticamente todos los componentes de apoyo al desarrollo del currículo, se validarán las innovaciones curriculares antes de generalizarlas a todo el sistema, se ofrecerán servicios de apoyo técnico-pedagógico y se desarrollará un sistema de capacitación permanente, tanto hacia el interior de la escuela modelo como a las escuelas asociadas al distrito.

La creación de los Centros de Capacitación con los que se espera atender las necesidades de capacitación de maestros, dándole con ello coherencia y sistematización al desarrollo del Sistema Nacional de Capacitación, que tiene como propósitos:
1) Definir e implementar estrategias para atender las necesidades de capacitación de maestros del sector público y privado;
2) Implementar estrategias que permitan la provisión de servicios de capacitación mediante la diversificación de proveedores de los mismos;
3) Coordinar la creación y fortalecimiento de las Escuelas Modelo de Desarrollo Educativo; y
4) Realizar el seguimiento y monitoreo del accionar de las Escuelas

Modelo.

En relación a la modernización institucional, la Reforma Educativa no puede ejecutarse sin cambios en las estructuras administrativas y en la manera que el MINED presta sus servicios. La modernización institucional pretende aumentar la eficiencia y eficacia en la prestación de los servicios educativos. Par ello, el MINED se propone redefinir su rol, simplificar y modernizar los procedimientos administrativos e impulsar el proceso de descentralización hacia el centro escolar, buscando llegar de manera eficaz a la comunidad que recibe los servicios y compartir con ella la responsabilidad de la provisión de estos servicios. La modernización institucional implica redefinir el rol del Estado dentro del sector educación concentrando esfuerzos en las tareas indelegables del estado.

Esto es:

a) Fijar y controlar el cumplimiento de las políticas educativas;
b) b) Garantizar el acceso y la permanencia en el sistema educativo a toda la población, asegurando la gratuidad de los servicios educativos y la igualdad de oportunidades, focalizando los recursos en los sectores de menores ingresos.
c) Asegurar la calidad y pertinencia de la educación que se brinda.

Al redefinir el rol del Estado se hace necesario ajustar la institución a ese nuevo rol, lo que demanda una reorganización institucional y una reingeniería de procesos que pretenden hacer del estudiante el centro de atención de las políticas educativas, y de la comunidad educativa convertirla en el sujeto activo del proceso de producción de los servicios de educación.

En relación a la redefinición del rol del MINED se han definido loas aspectos que se indican a continuación:

a) Planificar el desarrollo educativo (Plan Decenal);
b) Normar y regular la calidad educativa;
c) Coordinar y financiar los servicios educativos; y
d) Utilizar la estrategia de comprar servicios para ejecutar actividades y procesos que son delegables; así se apoyará en instituciones tales como:

firmas auditoras, universidades, ONGs, Instituciones religiosas, entre otras.

La Reforma en la acción y competencia del MINED implica:

a) Descentralización de Juventud y Educación Física;

b) Hacer eficiente y ampliar la cobertura del otorgamiento de garantías bancarias para el financiamiento de la educación mediante el tratado de esta función al sistema financiero;

c) Delegar en otra instancia o cambiar la forma de administración de Bienestar Magisterial para garantizar la eficiencia en la administración de los recursos y la eficacia y calidad en la prestación de los servicios de salud al magisterio y su familia;

d) Fortalecer las funciones de normar y regular la calidad de la educación impartida por instituciones públicas y privadas; financiar con agilidad y eficiencia los servicios educativos; promover la actualización de contenidos, métodos y medios de enseñanza para que sea pertinente y relevante a la realidad salvadoreña y los desafíos que enfrenta, así como el modelo de desarrollo sustentable que se impulsa; y

e) Reorganización institucional para adecuar la estructura a las nuevas funciones, procesos y procedimientos.

En el campo de la Reforma Administrativa el MINED se ha propuesto un conjunto de objetivos dirigidos a la descentralización, entre ellos. 1) Garantizar una educación de calidad al estudiante salvadoreño; 2) Fortalecer la atención por niveles educativos; c) Acercar geográficamente la atención a los centros educativos; d) Atender con equidad al sector privado que hace educación; e) Obtener la interacción real de Director/ Maestro/ Padre y Alumno, en cada centro educativo; f) Lograr que la comunidad educativa asuma la administración de la Educación; g) Proporcionar apoyo y asistencia técnica eficaz y oportuna a los centros educativos; y h) Hacer efectivo que el centro del proceso de administración y gestión educativa sea el alumno.

El MINED ha reestructurado su organización creando catorce Direcciones

Departamentales para impulsar un nuevo modelo de administración escolar a través de la conformación de cada centro educativo en Consejos Directivos Escolares (CDE), para lograr una gestión más participativa y democrática en la prestación de los servicios educativos.

Las implicaciones de la Reforma educativa son: a) Transferir la responsabilidad de la administración de la escuela a la Comunidad Educativa; b) Introducir nuevas modalidades de provisión de servicios dirigidos a aumentar la participación de: ONGs, Alcaldías, Iglesias y otros actores relevantes de la sociedad civil; y c) Fortalecer el rol normador, financiador y supervisor del MINED.

Por el lado de la Reforma Administrativa, la apuesta es por la desburocratización, que incluye:

a) Redefinición y simplificación de los sistemas y procesos técnico-administrativos; b) Fortalecimiento del sistema técnico-pedagógico;

c) Implementación de nuevos sistemas de información para apoyar la gestión de recursos humanos (SIRH), financieros (presupuesto y contabilidad) y los recursos físicos (micro localización);

d) Fortalecimiento del sistema de planificación, supervisión y evaluación de los servicios educativos;

e) Fortalecimiento de las estadísticas educativas para apoyar el seguimiento, monitoreo y evaluación de la gestión educativa;

g) Fortalecimiento de la asesoría legal;

h) Administración de Recursos Humanos; y la

i) Administración de Recursos Financieros.

La reforma del marco legal y regulatorio también es considerada en el decenio, y con ella se pretende la redefinición de roles y funciones del Estado dentro del sector educativo; la reforma legal consiste en actualizar, integrar y simplificar el marco legal vigente; además, incluye la normatividad de la escuela desde las perspectivas sobre cómo se administra la escuela y cómo se recibe la educación.

Los cambios en esta materia van dirigidos a normar el trabajo de los docentes; de igual forma, el trabajo del personal técnico-administrativo incluyendo la participación de la comunidad educativa. La legislación en última instancia persigue darle protagonismo a la escuela, revalorizar el papel del docente; además, incentivar la participación de los padres de familia.

Los instrumentos legales que se han elaborado en esa dirección son: la Ley General de educación; la Ley del Escalafón magisterial; la Ley de la Profesión del Maestro y una normativa orgánica del MINED.

Dado ese marco contextual el reto de la reforma del sistema educativo se orienta a superar las desigualdades en las oportunidades, asegurando la calidad y la pertinencia de los servicio en todos los niveles educativos, en afirmación de las principales obreras del diseño reformista, la socióloga Sandra Rebeca Vásquez de Barraza, quien sostiene que una de las desventajas más seria del país frente a la globalización económica es el bajo nivel de sus recursos humanos.

Los requerimientos de desarrollo de la base productiva en función de aprovechar las oportunidades y responder a las exigencias que plantea la liberalización de los mercados, obliga a reconocer la importancia de contar con recursos humanos con capacidad de adaptación y liderazgo ante los veloces cambios tecnológicos, científicos, económicos y sociales. Sólo a partir de esta aparente justificación es que los financiadores de la reforma educativa la apoyan y premian sin que logre definir su rumbo concreto para la sociedad salvadoreña.

El enfoque del plan decenal dimensiona el papel de la educación en el plano económico y social con más énfasis que en el político. El sentido funcional de la reforma educativa está dirigido a escolarizar, y desde esa dimensión ejercer l control del Estado sobre la población para cohesionarla y encarrilarla hacia el paradigma incierto de un desarrollo que no se vislumbra en su concepción sostenible ni de calidad humana, por lo menos en el mediano plazo.

CAPÍTULO TERCERO

DIRECTRICES BÁSICAS PARA ARTICULAR LA REFORMA EDUCATIVA CON UNA POLÍTICA DE ESTADO Y UN PLAN DE NACIÓN

El objetivo de este capítulo consiste en proponer un enfoque genérico referido a las directrices o elementos básicos que permitan la articulación de la Reforma Educativa con una Política de Estado y una Visión de Nación.

En esa lógica, los temas que se han tratado hacen énfasis en la transformación estructural del sistema educativo; en la Política social del Estado en materia educativa; asimismo, en la formación del capital humano para el desarrollo y en los fundamentos y elementos de la Política de Estado vinculados con la Visión futura de la Nación y el impulso de la Reforma Educativa.

1. Necesidad de una reforma estructural del sistema educativo

La paz, la democracia y la viabilidad económica de El Salvador, están exigiendo un nuevo tipo de ciudadano lo que implica un replanteamiento a fondo de los propósitos y del funcionamiento del sistema educativo, el cual se manifiesta en el Plan Decenal que sustenta la Reforma de la educación, que constituye un instrumento esencial de un proyecto de mayor alcance y amplitud, como es el Proyecto o Plan de nación, que debe ser la base de dicha reforma.

La necesidad de una reforma estructural del sistema educativo concebida en el marco del Plan de Nación debe mostrar una visión totalizadora de la sociedad salvadoreña que contribuya al logro del desarrollo humano sostenible[51], a la promoción de la participación ciudadana y ante todo a promover la dignidad humana. El fin último del desarrollo es la mejora constante del bienestar de toda la población sobre la base de la participación y la distribución equitativa de los beneficios que deriven del

---

[51] Badía Serra, Eduardo. Transformación de la Educación. EDUTEC. El Salvador. 1995.

mismo.

Por otra parte, la Reforma Educativa tiene una concepción parcial, que podrá incidir en su fracaso. A pesar que el discurso de la Comisión de Educación, Ciencia y Desarrollo fue producto de representantes de la neo-derecha y de la izquierda progresista, lo cierto es que si la Reforma no forma parte de un todo integral, es decir, de un Plan de nación, solamente servirá para frustrar a las masas y acelerar el paso para una revolución social sin rostro conocido.

2. Visión de Nación y Reforma Educativa

La construcción de una Visión de Nación definitivamente implica considerar una aproximación sobre una idea o concepción de país y de la sociedad que es fundamental idealizar. En esa dirección el 12 de abril de 1996, un grupo de veinte personalidades salvadoreñas que realizaron una visita de observación a Malasia, Singapur y Hong Kong, dieron a conocer una propuesta de dicha visión.

La visión que anunciaron es la de un país donde impere la paz, la seguridad ciudadana y el Estado de Derecho. Que cuente con una economía sólida, competitiva, que sea líder a nivel regional, haciendo prevalecer condiciones óptimas para el desarrollo de la capacidad creadora de los salvadoreños. Esa visión hace énfasis en la existencia de una sociedad conformada por ciudadanos productivos, capaces de satisfacer adecuadamente todas sus necesidades básicas y con suficientes oportunidades para mejorar su posición económica y social sobre la base de su propio esfuerzo individual, dedicación y disciplina.

La Reforma Educativa en su perspectiva hacia el Siglo XXI está vinculada a la idea de un nuevo El Salvador, el que debe ser construido tomando en cuenta algunos elementos claves para la concreción de esa aspiración. Entre ellos:

1) La visión de nación tiene que ser compartida. Para ello, tiene que ser necesariamente asumida por todos los sectores de la sociedad, en un marco de respeto mutuo y de aportes constructivos;
2) No basta compartir la visión de nación. También se necesita que todos los sectores apoyen la estrategia, acciones y medidas políticas específicas que requiere su implementación;
3) Deben prevalecer los objetivos e intereses nacionales por encima de cualquier individuo, grupo, sector o partido político. Evitando la politización de este proceso y la injerencia de grupos de presión;
4) La implementación de la Visión de Nación requiere del más elevado nivel de liderazgo y conducción política. Debe existir un compromiso genuino para llevar adelante todas las innovaciones que hagan posible la obtención de los resultados esperados; y
5) La Visión demanda una efectiva estrategia de difusión y de comunicaciones, que genere apoyo y concientice a la ciudadanía sobre su importancia para el desarrollo futuro del país. Las bases económicas de la visión se deben sustentar en un aparato productivo diversificado, eficiente y flexible para adaptarse a las circunstancias cambiantes del mercado local e internacional. Asimismo, deberá ser una economía especializada en procesos productivos y en el comercio de servicios de alto valor agregado que incorporan tecnología avanzada, que sirvan de sustento a actividades económicas capaces de generar un crecimiento económico, robusto, dinámico y sostenible en el largo plazo basado en el aumento continuo de la productividad.

En esta visión es de resaltar los factores claves de la misma, que requieren una reflexión metódica en torno a la Reforma Educativa. Esos factores a tomar en cuenta son:

1) La asignación del mayor porcentaje del presupuesto nacional a la inversión en capital humano, fundamentalmente en educación y capacitación técnica. La mano de obra debe ser instruida en habilidades y competencias necesarias para adaptarse a procesos de

producción modernos que incorporen tecnología más avanzada. El sistema educativo debe ser capaz de formar ciudadanos con mentalidad empresarial y de progreso, dotados de suficientes herramientas gerenciales, técnicas y científicas.

2) El fomento de la investigación y el desarrollo, mediante la creación y fortalecimiento de centros de investigación y de promoción de la productividad que impulsen la innovación tecnológica, ofrezcan a las empresas servicios de capacitación en el uso de nuevos métodos de producción, diseño y adaptación de productos, utilización de nuevos materiales, implementación y certificación de sistemas de capital, entre otros.
3) La modernización del sector público que garantice la existencia de un marco regulatorio y jurídico acorde a los objetivos de la Visión de Nación y haga que las leyes se cumplan sin excepciones, haciendo que prevalezca siempre el interés colectivo. La desregulación, descentralización y privatización deberán contribuir a crear una economía abierta a la libre competencia en la que los servicios estratégicos que las empresas y la ciudadanía demandan, sean proveídas de manera eficiente y confiable a precios competitivos para reducir los costos de la transacción del sector productivo.
4) La modernización y ampliación de la infraestructura económica para el logro de mayores niveles de productividad. La construcción y mejoramiento de carreteras, puertos, aeropuertos, redes de telecomunicaciones y de energía eléctrica, entre otras son necesarias para poner a las empresas en posición de superar muchos “cuellos de botella” que obstruyen sus niveles de competitividad y eficiencia.
5) La atracción de inversiones extranjeras portadora de nuevas tecnologías, con sistemas innovadores de mercadeo y distribución en los mercados internacionales, capaz de vitalizar el desarrollo empresarial del país. La inversión extranjera deberá promover actividades económicas de alto valor agregado, que impulsen la integración vertical del aparato productivo, la generación de nuevos empleos y de economías de escala contribuyendo de la

diversificación de las exportaciones. Para atraer esta inversión es necesario contar con un marco jurídico-institucional seguro y estable, para asegurar un tratamiento no discriminatorio a los inversionistas haciendo todos los esfuerzos necesarios para mantener sus negocios.

6) La preservación del medio ambiente para garantizar la sostenibilidad del crecimiento. El rescate y la conservación de los recursos naturales debe ser parte de la agenda del país y convertirse en una actividad rentable desde el punto de vista económico, para garantizar la existencia de un balance permanente entre la satisfacción de las necesidades materiales presentes y un mejor nivel de vida para las generaciones futuras.[52]

A partir de esa percepción, una Política de Estado en materia educativa tendrá que ser vinculada y concebida en el marco de esa visión de nación[53]. En consecuencia, la formación de recursos humanos no podrá estar desvinculada de áreas estratégicas y vitales como la Ciencia y Tecnología, áreas en las cuales el marco global de la Política pretende:

a) Inculcar una cultura de ciencia, tecnología e innovación en toda la sociedad y en particular en el sector empresarial;

b) Mejorar la institucionalidad, colaboración y capacidad persuasiva y motivadora de las acciones de ciencia y tecnología;

c) Fomentar la ciencia como bien público fundamental y la tecnología traducida en bienes y servicios privados;

d) Contribuir a crear e innovar el capital humano a todo nivel y en forma constante, en particular en ciencia y tecnología; e) Reforzar el ambiente de progreso, innovación y sostenibilidad que El Salvador necesita conforme a la visión adoptada al año 2021 y profundo respeto por el medio ambiente; y

f) Elevar el potencial y creatividad práctica de los recursos humanos a

---

[52] El enfoque está sustentado en el documento denominado: Lecciones de un viaje: la necesidad de una Visión de nación para El Salvador en el Siglo XXI. San Salvador, 12 de abril de 1996.

[53] Rivas Platero, Wendinorto. Reforma Educativa. Política de Estado y Plan de Nación. El Salvador.1998.

través de la formación y capacitación para la productividad.

Esa política entre sus líneas de acción propone:

a) Desarrollo y fortalecimiento de la vinculación efectiva Universidad-Empresa;

b) Divulgación y promoción de la Ciencia y Tecnología;

c) Implementación de estrategias de popularización de la Ciencia y Tecnología;

d) Capacitación de mano de obra calificada;

e) Integración de los contenidos de Ciencia y Tecnología en los programas de estudio de todos los niveles;

f) Actualización y capacitación en planta de la mano de obra calificada;

g) Formación e identificación de talentos y líderes para la conducción estratégica; h) Mejoramiento de programas de posgrado con excelencia en las áreas económicas, sociales y científicas, prioritarias y estratégicas; y finalmente el

i) Otorgamiento de recursos especiales y extraordinarios para: proyectos de investigación, formación de recursos humanos, generación de recursos humanos destacados y mejora del equipamiento de los programas de posgrado.

Para que esas líneas de acción logren concretarse, ellas establecen el marco institucional respectivo, que está conformado por: 1) Consejo nacional de Ciencia y Tecnología (CONACYT); 2) Universidades e Institutos Tecnológicos; 3) Instituto Salvadoreño de Formación Profesional (INSAFORP); 4) Ministerio de Hacienda; e) Fundaciones empresariales;5) MINED; 6) Gremiales empresariales; y,7) Colegios de profesionales.

Esta aproximación sobre la Visión de Nación, constituye la base para que la Reforma educativa sea el medio principal para descubrir y construir El Salvador que realmente se quiere, ya que: "La educación integral constituye hoy un recurso estratégico decisivo para las posibilidades de crecimiento y participación social plena, así como para un desarrollo sostenible, equilibrado y equitativo de nuestros países".[54]

---

[54] Declaración de la V Cumbre Iberoamericana de San Carlos de Bariloche, Chile. 1995.

3. La Educación como Política Social del Estado y del Desarrollo

El abordaje de la Reforma Educativa en marcha hasta el año 2005 no pude quedar desligada del proceso de la globalización a nivel mundial, que se caracteriza por una carrera hacia la competitividad. Esa forma de ingresar a este proceso implica el aceleramiento de las naciones para lograr agilidad y rapidez. Agilidad para garantizar el flujo de bienes, mercancías y servicios; rapidez para volverse una esponja de conocimiento para lo cual se transforma el sistema educativo, el que debe servir a los intereses del Banco Mundial o bien el Fondo Monetario Internacional, y en última instancia al "Grupo de los 7", es decir, las grandes naciones que dominan al mundo.

Con esta base, es obvio que en la perspectiva nacional, la empresa privada a través de sus voceros sostenga que dentro de un Plan Nacional de Desarrollo, es importante reconocer que la riqueza del país es su población, su gente, ¿y por qué motivo? La razón es porque: "La riqueza más grande está en el poder utilizar el ingenio creador de las personas. Por supuesto, tener gente ignorante, en la miseria y sin oportunidad de utilizar su inteligencia, no es solución. Capacitar, educar, transformar personas y mentalidades, toma tiempo".[55]

Esta justificación responde a las condicionante de los burócratas del banco Mundial, que a su juicio estiman que deben priorizar los recursos humanos y la educación, ya que son los elementos importantes para sobrevivir en una economía globalizada y al mismo tiempo para mantener un equilibrio en la equidad y eliminar la pobreza.[56]

4. La política educativa, la formación de capital humano y el desarrollo

[55] Afirmación de Luis Cardenal, presidente de la Cámara de Comercio e Industria en Primero una Visón de Nación, publicada en la Revista Tendencias No.60. Abril de 1997.

[56] Chaparro, Elkin. Oportunidades y Desafíos de la Globalización. Boletín Económico. Banco Central de Reserva de El Salvador. Año No. 8. No. 82. Abril de 1995.

Si la globalización es ya una imposición del nuevo orden mundial, es obvio que el Estado está frente a los desafíos vinculados con el desarrollo económico y social, cuya construcción no puede esperar, precisamente cuando ya se está en el siglo XXI. Esos desafíos son:

1) La reconversión productiva de la agricultura y de la industria como ejes básicos para un crecimiento sólido y sostenible a largo plazo y no como simple espacios especulativos y frágiles para el crecimiento, derivados de la maquila, las remesas y la especulación financiera;

2) La superación de la pobreza asociada a una política redistributiva que promueva el acceso a activos y mecanismos que potencien la capacidad productiva y adquisitiva de amplios sectores de la población que están excluidos del crecimiento, adicionalmente establecer una política que desde el Estado promueva su acceso a los servicios básicos;

3) La inserción de la economía en el nuevo orden internacional, vinculada a una nueva dimensión de la integración regional, que a su vez permita encontrar espacios ventajosos en la relación externa y que potencia las capacidades productivas y la cualificación de los recursos humanos; 4) El desarrollo sustentable es una necesidad para El Salvador, pues los niveles de degradación ambiental exigen una política para recuperar, conservar y aprovechar los escasos recursos naturales;

5) Se necesita de un Estado redefinido en su rol para el desarrollo, donde sus responsabilidades con el ámbito social y los servicios públicos son fundamentales, así como su capacidad reguladora del mercado; y,

6) Es importante promover los espacios de participación activa y creativa de los distintos sectores sociales en el marco del desarrollo nacional.

Esos retos –como afirma Alfonso Goitia-, significan un cambio en el enfoque y las políticas económicas y sociales que se implementan, de tal forma que se pueda garantizar la sustentabilidad del desarrollo y la estabilidad social y política que El Salvador requiere.[57]

La cardinalidad de esos desafíos implica ubicarlos en el marco del

---

[57] Goitia, Alfonso. Los seis retos. Revista Tendencias No. 50. Abril. El Salvador. 1996.

desarrollo multidimensional, que tiene como objetivo básico la producción de riqueza y bienestar para la mayoría de las presentes y futuras generaciones. Los compañeros de este tipo de desarrollo se relacionan con el capital humano, el capital natural, el capital físico o infraestructural, el capital financiero, el capital socio-institucional y el capital tecnológico. Para los fines del estudio, sólo la referencia al componente del capital humano sería limitada. En consecuencia, se explican brevemente esos componentes. De esa forma, el capital humano abarca todos aquellos aspectos que inciden en la reproducción material y espiritual de la fuerza de trabajo: nutrición, salud, educación, conocimiento, recreación, creatividad, motivación entre otros.

En la formación del capital humano se resaltan:
1) La situación educacional (nivel de analfabetismo, nivel escolar, deserción escolar, número de escuelas y maestros, etc.);
2) El estado de salud (índices de mortalidad, causas de mortalidad, frecuencia y tipo de enfermedades, número de hospitales, número de médicos, etc.);
3) la calidad el trabajo (condiciones de los puestos de trabajo, tipo de empleo, niños trabajando, condiciones de higiene laboral, número de asegurados, etc.)
4) Situación habitacional (tipo de construcción, número de cuartos, acceso al servicio de agua potable, energía eléctrica, teléfono, tipo de suelo, ubicación de la vivienda, etc.);
5) Esparcimiento (días laborales, días de vacación, acceso a televisión o radio, número de parques, cines, teatro u otros centros de diversión, acceso a juegos o instalaciones para niños, existencia o no de instalaciones deportivas, etc.); y
6) Cultura y conocimiento (acceso a libros, revistas, periódicos o bibliotecas, cantidad de libros o revistas leídas, conocimiento religioso, cultura general, participación en centros o asociaciones culturales, etc.).

El capital natural.

Está formado por los distintos ecosistemas y sus componentes básicos: suelos, agua, bosques, flora, fauna, nivel de biodiversidad, clima, hábitat humano. Lo esencial en este capital es el estado de los equilibrios y dinámicas del ecosistema.

El capital físico o infraestructural.

Se refiere a todos aquellos instrumentos materiales e instalaciones producidos por el ser humano que interviene en el proceso de creación de riqueza: maquinarias, herramientas, insumos, edificios, construcciones de toda índole, carreteras, puertos, aeropuertos, tendidos eléctricos y telefónicos, entre otros.

El capital financiero.

Este capital puede presentarse como crédito, fondos de inversión, bonos, acciones, etc. Es decir, comprende los montos financieros que se adelantan para poner en marcha el proceso de producción de riqueza, o los fondos que se introducen para darle continuidad y mayor ampliación al mismo.

El capital socio-institucional.

Es un tipo de capital conformado por el tejido social e institucional. Abarca aspectos como el marco legal, la capacidad de gestión y administración de las instituciones, los niveles de participación, los grados de cohesión de las comunidades, la fuerza de la organización, entre otros.

El capital tecnológico.

Constituye el conjunto de conocimientos científicos y técnicos que están a disposición de la sociedad o población en referencia, así como la capacidad de control e implementación que se tiene de los mismos. Es el acervo de inventos, descubrimientos, técnicas, innovaciones, investigaciones, redes de conocimiento y comunicación, banco de datos e información de interés.

Las anteriores formas de capital dentro de la perspectiva del desarrollo multidimensional se potencian y cambian con el fin de lograr: crecimiento económico equilibrado; desarrollo participativo en términos de acceso a bienes, servicios y recursos, sean materiales o inmateriales (equidad, democracia económica); desarrollo participativo en términos de acceso a procesos de toma de decisiones (democracia política); desarrollo ecológicamente sustentable; desarrollo cualitativo; desarrollo territorial y desarrollo vital (que satisface las necesidades básicas de la población.

Para lograr ese desarrollo multidimensional la inversión en capital humano es indispensable, porque en términos generales, una mejor calidad del recurso humano, mayores inversiones en capital humano, aseguran el desarrollo integral de la nación salvadoreña.[58]

5. Elementos de la Política Educativa

En el contexto de ese desarrollo, la política educativa está justificada en el hecho referido al proceso educativo, el cual debe ser el medio para el desarrollo integral que permita el despliegue no sólo de las capacidades productivas de las personas, sino también de sus capacidades espirituales, culturales, cívicas, morales y laborales. En consecuencia, la política educativa del Estado debe considerar los elementos siguientes:

1) Profundizar el proceso de Reforma Educativa ya iniciado por el Gobierno;

2) Desarrollo de programas de capacitación y actualización sobre contenidos y metodología para los docentes;

3) Dar importancia a los procesos de enseñanza-aprendizaje que incorporen la participación de los educandos y desarrollen las capacidades creativas, la conciencia crítica y el conocimiento de la realidad del país y del mundo;

4) Regulación de la creación y funcionamiento de los centros educativos;

5) Control de la calidad de la enseñanza en los centros privados en todos los niveles;

6) Desarrollo de programas masivos de alfabetización con participación del sector público y de organizaciones no gubernamentales que desarrollan programas de educación;

---

[58] El enfoque del desarrollo multidimensional está sustentado en la propuesta formulada por Roberto Rubio, Joaquín Arriola y José Víctor Aguilar denominada "Crecimiento Estéril o Desarrollo. Bases para la construcción de un nuevo proyecto económico en El Salvador". FUNDE. El Salvador. 1996.

7) Impulso de las escuelas para padres como medio para involucrarlos más en el proceso educativo de los hijos(as) y para fomentar en ellos un perfil humano y cívico;
8) Fomentar en los medios de comunicación el desarrollo de programas educativos y de valores humanos, ambientales, cívicos y sociales. Paralelamente hay que establecer una será regulación y control de los programas televisivos o cinematográficos que proyecten contenidos violentos; y
9) Priorizar la ampliación de la cobertura educativa en aquellas áreas donde haya niveles más bajos de escolaridad.[59]
El perfil de la política educativa es necesario articularlo al desarrollo nacional y ala nuevas tendencias que se imponen en el mundo en el marco de la globalización y de doctrina neoliberal, y ante todo a los grandes desafíos tecnológicos. Por esa razón la educación tecnológica debe ser promovida en todos los niveles del sistema educativo, por lo que es necesario enfocarla así: "1) La calidad de vida que logrará la sociedad salvadoreña en el siglo XXI estará directa y positivamente relacionada en la medida en que su población entienda y utilice la tecnología existente, así como desarrolle creativamente nuevas tecnología mientras toma en cuenta aspectos claves, científicos, económicos, sociales y ecológicos; y, 2) La educación tecnológica deberá desarrollar las habilidades y visiones para todos los ciudadanos de todos los sectores y estratos sociales en un mundo caracterizado por rápidos cambios. La educación tecnológica, por tanto, deberá ser proveída a todos los nivelas en el sistema educacional, así como en los programas en marcha en los sectores formales e informales."[60]

La política social del Estado en materia educativa es definida en dirección hacia la transformación del sistema educativo, que es determinada como

---

[59] Propuesta de política socio económica tendiente al crecimiento con acumulación productiva y desarrollo por Roberto Rubio y Joaquín Arriola en obra citada anteriormente.
[60] Paredes Castillo, Carlos Federico. La clave tecnológica. Revista Tendencias. No. 50. Abril. 1996. El Salvador. Pág.40.

una necesidad histórica frente a una sociedad que domina al mundo, como es la sociedad del conocimiento, la que en argumentación de Cecilia Gallardo de Cano, ministra de Educación de la Administración del presidente Calderón Sol, explica así:

"La necesidad de transformar el sistema educativo en forma correlativa a las profundas reformas políticas, económicas y sociales, no es sólo un compromiso, sino una necesidad histórica sin precedentes en nuestro país...Sólo a través de la educación y del conocimiento podremos fortalecer nuestra capacidad creadora, a fin de poder asumir lo universal, lo globalizador para enriquecerlo con lo propio..."[61] Como puede advertirse, la política del Gobierno está proyectada y determinada por la exigencia del sistema internacional, no por la proyección del país hacia la aldea global.

6. Fundamentos de la Política de Estado en el área educativa

La relación de los supuestos que han guiado este estudio necesitan tocar fondo entre el ideal de Nación, la Reforma Educativa y la Política de Estado. Desde esa perspectiva, la visión de Nación se complementa con el perfil de sociedad y la Nación futura que tenderá a ser El Salvador hacia el tercer decenio del siglo XXI. En esa dimensión se proyecta así: 1) Democrática, representativa, participativa, solidaria, con altos niveles de equidad y justicia social, sin pobreza ni extrema riqueza; 2) Culta, con altos valores morales, sin analfabetismo y con total acceso a la educación, con fuerte aplicación a la investigación científica y tecnológica, altos niveles de identidad nacional y actividad cultural, elevadas tasas de salud y sanidad;

3) Altamente productiva, ecológicamente sustentable, con un fuerte mercado interno y sólido sector exportador; infraestructura, agricultura, industria y servicios modernos que garanticen la seguridad alimentaria de la población; elevados niveles de empleo, ritmos sostenidos de

[61] Gallardo de Cano, Cecilia. El esfuerzo educativo. Revista Tendencias No. 50. Abril 1996. Pág. 25

crecimiento y desarrollo económico y social;
4) Con mercado competitivo, sin monopolios ni oligopolios, fundamentada en la pluralidad de formas de propiedad (privada, individual, estatal, cooperativas y demás expresiones asociativas), encauzada en función de la equidad, la justicia social y el desarrollo humano;
5) Soberana, organizada como nación en legítimo Estado Democrático y Social de Derecho, con alto nivel de seguridad ciudadana y administración de justicia moderna, transparente, ágil y eficaz, sin impunidad, sin corrupción, sin narcotráfico, ni demás expresiones del crimen organizado, ni delincuencia; un Estado suficientemente fuerte, política y económicamente, para preservar la soberanía y asegurar el rumbo del desarrollo democráticamente decidido; de igual forma,
6) Integrada económica y políticamente en Centroamérica, abierta a la integración latinoamericana, y desde allí, soberanamente insertada en el mundo parcialmente globalizador; que desarrolla inteligentemente sus relaciones económicas-políticas con los diversos bloques mundiales, sin amarrarse a ninguno en particular.[62]

La relación sobre esta amplia percepción de la sociedad ha sido sustentada en el compromiso social en el campo educativo entre los partidos Alianza Republicana Nacionalista, ARENA, y el Partido Demócrata, PD, quienes el 31 de mayo de 1995 suscribieron el "Pacto de San Andrés", en el cual definieron el rumbo de la Reforma Educativa en los términos que se expresan a continuación:

"La reforma educativa debe enfocarse a lograr la participación de todos los sectores para la superación educativa del país. La reforma educativa debe responder a las necesidades técnico-científicas de la globalización y reconversión, y a los requerimientos de la cultura democrática y de paz. El gobierno debe asegurar que el presupuesto del ramo refleje la prioridad que este tema merece, dentro de la capacidad de ejecución del Ministerio

[62] De la propuesta del Partido Frente Farabundo Martí para la Liberación Nacional. FMLN.11 de julio de 1995.

de Educación, y proveer las facilidades necesarias para que dicha capacidad aumente con el tiempo, tanto por reformas internas como participación de ciudadanos en el campo".[63] Esta línea política es la que ha mantenido la dinámica y el avance de la Reforma Educativa, respondiendo a los intereses de la globalización, a los sectores nacionales interesados en la misma y a sus auspiciadores internacionales.

La respuesta a ese perfil de sociedad y a sentir nacional se ha esbozado en el trayecto de este estudio. Sin embargo, los fundamentos de una Política de Estado relacionados con el esquema de sociedad y su vinculación con la Reforma educativa y la Visión de Nación, solamente podrán establecerse en la medida que en que exista una planificación nacional que relaciones las necesidades del pueblo salvadoreño con una política integral e integradora. En consecuencia se proponen como tópicos esenciales de la misma, intentando orientar la definición del estado particularmente en el campo de la Educación. Estos tópicos se presentan a continuación:

1) La educación necesita ser integral e integradora frente a una realidad que va consolidando la globalización de las actividades económicas, la integración a nivel regional y la recuperación de los espacios locales como ámbito de realización personal del ser humano y de la comunidad de la que forma parte;

2) Una educación integral de calidad supone la formulación de una política que comprenda:

a) la igualdad de acceso, permanencia y egreso de la población a una educación de calidad, procurando grados de creciente equidad social, promoviendo programas específicos de compensación de igualdad;

b) La adquisición de conocimientos y el desarrollo de competencias relevantes para el desempeño de una profesión, la vida cotidiana y la participación ciudadana;

[63] En el "Pacto de San Andrés". Pág. 67

c) La necesidad de revisar los modelos tradicionales de formación profesional en la participación de los diversos actores sociales, tales como la familia y la empresa;

d) El reconocimiento y respeto por la diversidad cultural;

e) El fomento de la educación básica y media de los valores de la democracia, la solidaridad, la tolerancia y la responsabilidad, como base para una convivencia pacífica y armoniosa;

f) La participación activa en la sociedad en los ámbitos de orden político, económico y social, mediante el acceso a los conocimientos indispensables para el desarrollo de las capacidades individuales. Los programas de educación deben comprometer a todos los actores sociales;

g) La inserción laboral y social de los recursos humanos existentes, debe impulsarse mediante nuevas y flexibles políticas de empleo y el desarrollo de la capacitación laboral;

h) El estímulo, desde la más temprana edad, de la curiosidad intelectual y la capacidad inquisitiva, que constituyen el punto de partida para el desarrollo de la investigación científica y tecnológica, así como de las transformaciones sociales orientadas hacia la promoción del bienestar del conjunto de la sociedad; i)La comprensión de la vinculación de la ciencia, tecnología y sociedad como base para el desarrollo de una cultura de renovación;

j) La utilización intensiva de los instrumentos más modernos y didácticos en el campo de la educación, destacando entre otros el fomento del libro y la creación y mejor dotación de las bibliotecas en las instituciones de enseñanza con miras a contribuir a una mayor difusión del conocimiento;

k) La modernización de las Universidades e Institutos de Educación superior, fomentando la excelencia y favoreciendo su vinculación y complementación;

l) El fortalecimiento de la profesión docente a través de la mejora de su formación inicial, actualización y perfeccionamiento continuo;

m) El perfeccionamiento de los programas existentes, impulsando nuevos programas en el área de formación profesional para interrelacionar y propiciar la modernización de la enseñanza en este campo;

n) El continuo progreso de la investigación científica como una base sustantiva para nutrir el desarrollo y la actualización tecnológica, conformando una escuela de formación apta para realizar importantes contribuciones en el área de la investigación aplicada a la producción, reforzando la creación y articulación de redes de investigación; y finalmente,

0) El desarrollo y la profundización del nexo entre Ciencia y Producción, promoviendo una constante incorporación de la tecnología y el desarrollo científico aplicable a la producción.[64]

Entre los aspectos o tópicos de la Política Educativa del Estado es de trascendencia considerar los elementos que en los foros internacionales se han acordado, los cuales han sido incorporados en su marco global, y que se reclaman en el diseño de una Visión de Nación, entre ellos:

1) La relación estrecha entre planificación de la educación y la planificación económica y social del país;

2) La articulación entre la educación y los medios de comunicación, la acción cultural y la acción educativa;

3) La vinculación entre la educación y el mundo del trabajo, mediante la extensión de la educación permanente de adultos y una mejor articulación entre la educación escolar y la educación extraescolar y los demás elementos del desarrollo, mediante la introducción de elementos de trabajo productivo en el proceso educativo;

4) La difusión y profundización de los conocimientos científicos y tecnológicos, haciendo de ellos instrumentos esenciales de la educación para el desarrollo endógeno de la ciencia y la tecnología[65]; y

5) La participación activa de la enseñanza superior, en lo que a la

---

[64] Las políticas han sido readecuadas a partir de la Declaración dela V Cumbre Iberoamericana de Educación de San Carlos Bariloche, Argentina. 1995.

[65] Estos elementos son considerados a partir de la Reunión de Quito sobre el Proyecto Principal de Educación en América Latina y el Caribe, realizada del 6 al 11 de abril de 1981.

formación de docentes se refiere.

Con el espíritu de los elementos citados es válida la percepción de las Organizaciones No Gubernamentales (ONGs) al evaluar que: "Uno de los pocos avances importantes en estos últimos años ha sido la reforma educativa, la cual se comenzó a impulsar desde hace más de un año, los logros en este campo son significativos, desde la experiencia de participación de las comunidades en los procesos educativos, el aumento del presupuesto nacional en esta área y la concepción de la reforma.

Habrá que esperar algunos años para evaluar el impacto educativo en la población y su contribución al desarrollo, pero creemos que en esta área se han dado pasos importantes de transformación. Los problemas de acceso a la educación especialmente en el área rural, al fortalecer los sistemas de formación y capacitación al técnica, el favorecer el acceso a la educación superior y el desarrollo de programas y políticas en relación al arte y la cultura, son todavía algunos aspectos sobre los cuales se debe poner énfasis."[66]

La perspectiva de la Reforma Educativa que se impulsa, si es alejada de las verdaderas necesidades e intereses del pueblo salvadoreño, tenderán a provocar disfunciones; de igual forma, podrá generar tensiones que en nada contribuirán al desarrollo integral del país. De esta preocupación que se pulsa desde este aporte, es que se hace necesario considerar la redefinición de la misma en función de las políticas sectoriales del Estado y las aspiraciones de la sociedad salvadoreña que requiere su tratamiento en la concepción de la Visión de Nación que se ha perfilado en este contexto.

Se incluyen en este estudio, los perfiles de los planes nacionales de educación posteriores a la propuesta del Plan Decenal 1995-2005.

---

[66] Manifiesto de las ONGs a la Nación. ONGs en acción. (60 ONGs apoyando el manifiesto. La Prensa Gráfica. San Salvador. 31 de julio de 1997.

7. Plan Nacional de Educación 2021

El Plan Nacional de Educación 2021 surgió a iniciativa del presidente Elías Antonio Saca y partió del análisis de diferentes estudios sobre la situación del sector educativo de El Salvador divulgados entre los años 2002-2004 esto permitió identificar logros del Plan Decenal de Educación (1995-2005), que impulsó avances en términos de cobertura y calidad de la educación.

El Plan Nacional de Educación busca, convocar a trabajar por la educación, a construir una sociedad competitiva, justa y democrática desarrollando con base a sus conocimientos en la población de acuerdo a sus habilidades y valores, una visión de largo plazo fijando metas educativas prioritarias, propiciando oportunidades en el crecimiento independiente impulsando avances en términos de cobertura y calidad de la educación, impulsando una propuesta participativa, pluralista y de alcance futurista que sirviera de inspiración a quienes toman decisiones sobre Política Nacional de Educación, resultando la propuesta: "Educar para el país que queremos", plasmando los siguientes objetivos:

a) Lograr la formación integral de las personas

b) Asegurar que la población alcance once grados de escolaridad, correspondientes a la educación media.

c) Fortalecer la educación técnica y tecnológica en función del bienestar de la sociedad"[67].

Los esfuerzos por mejorar el Sistema Educativo Nacional se formulan con una visión de corto y largo plazo en relación con el desempeño docente; de igual forma, pretendió establecer políticas orientadas a promover el buen desempeño y una elevada motivación de los docentes como protagonistas claves del proceso de enseñanza-aprendizaje.

67 www.oei.es/quipu/salvador/fundamentos_plan2021.pdf, citado el 13 de febrero.

8. Plan Social Educativo "Vamos a la Escuela"

El Plan Social Educativo "Vamos a la Escuela" fue impulsado durante la administración del presidente Carlos Mauricio Funes Cartagena en el período comprendido entre los años 2009-2014, que se caracterizó por la estructura de una propuesta educativa con un enfoque social y de inclusión.

Este Plan se orientó a "reformar el sistema educativo en general, para lograr la formación integral de personas conscientes de sus derechos y responsabilidades para con la familia, la sociedad y la nación profundizando en el conocimiento, habilidades y destrezas necesarias para lograr su plena realización en el plano social, cultural, político y económico mediante la aplicación del conocimiento crítico y creativo.

El sistema educativo debe considerar a la escuela como un espacio de formación integral donde se sustituye el concepto de escuela que imparte aprendizaje de 'nociones' para pasar a un modelo donde la escuela desarrolla una estrategia de aprendizaje a través de la investigación. Se contempla además la provisión de herramientas de enseñanza vinculadas a las nuevas tecnologías de la información."[68]

El Plan Social Educativo "Vamos a la Escuela" consta de dos partes, la primera trata sobre las Bases Conceptuales y Filosofía del Proyecto, la segunda es el modelo educativo. La primera, básicamente expresa la necesidad latente que existe para que la educación asuma su verdadero rol y que contribuya a preparar a la sociedad para afrontar los desafíos de la realidad en que se vive. Y la segunda, se basa en el modelo educativo, el cual propiciara progresivamente el empoderamiento democrático de la población avanzando hacia una sociedad humanista más desarrollada y participativa, prospera, justa, respetuosa de la vida y del medio ambiente.

[68] http://www.sipi.siteal.org/politicas/315/plan-social-educativo-vamos-la-escuela, citado el 16 de febrero.

Este Plan gira en torno "al rediseño del aula y de la escuela, el cual va más allá del diseño de contenidos, las asignaturas, formas y métodos de evaluación, pero éstas ¿de qué han servido a lo largo de los años?, si se ha dejado a un lado el interés porque los estudiantes los aborden logrando un aprendizaje significativo que contribuyan para que estos transformen su realidad y su entorno, adecuándose a las necesidades de la época y el futuro que se espera."[69]
Las reformas y planes citados han pretendido que los docentes incentiven a los estudiantes a la participación activa y reflejen sus habilidades y destrezas cognoscitivas, superando los retos y desafíos de acuerdo al nivel académico en que se encuentren.

9. Plan Nacional de Educación en Función de la Nación
El Plan Nacional de Educación en Función de la Nación propone una serie de apuestas estratégicas que es establecen en el Plan Quinquenal de Desarrollo 2014-2019 "El Salvador, productivo, educado y seguro", para alcanzar una educación de calidad con inclusión y equidad social, desde una concepción integral del desarrollo humano.

En base a esta concepción se constituyen los ejes de trabajo del Ministerio de Educación, ellos son:1) Creación de un Sistema Nacional de profesionalización docente; 2) Desarrollo educativo de la primera infancia;3) Creación del Sistema Nacional de evaluación Educativa; 4) Construcción de ambientes escolares agradables; 5) Equidad, inclusión, calidad y pertinencia de la educación; 6) Dinamización del currículo educativo nacional a partir de la profesionalización docente;7) Generación y fortalecimiento de condiciones para la creación de conocimiento e innovación; 8) Profundización y fortalecimiento de la educación de

[69] Hernández Fabián, María Concepción y otros. Innovaciones metodológicas a partir del rediseño del aula impulsada por el Plan Social Educativo "Vamos a la Escuela" ejecutados por las y los docentes de los centros educativos de la zona central del distrito o6-04 de San Salvador. El Salvador.2014. Pág. 32.

adultos); y 9) Reforma institucional y a la legislación vigente.[70]El Plan está ideado como una respuesta a la fragmentación del sistema educativo en sus diferentes esferas desde lo administrativo, la dimensión curricular y la política educativa.

[70] En consulta con el documento denominado: Ejes estratégicos del Plan Nacional de Educación en Función de la Nación. Ministerio de Educación. El Salvador.2014.

CAPÍTULO CUARTO

REFORMA DE LA EDUCACIÓN Y ENSEÑANZA DE LOS VALORES CÍVICOS

1. Bases legales de la educación cívica en El Salvador.

La Constitución de la República de El Salvador, establece en el Art.1 que: "El Salvador reconoce a la persona humana como el origen y el fin de la actividad del Estado, que está organizado para la consecución de la justicia, de la seguridad jurídica y del bien común. Asimismo reconoce como persona humana a todo ser humano desde el instante de la concepción. En consecuencia, es obligación del Estado asegurar a los habitantes de la República, el goce de la libertad, la salud, la cultura, el bienestar económico y la justicia social."

En la Ley General de Educación, se definen en el Art. 2 que "La educación Nacional deberá alcanzar los fines que al respecto señala la Constitución de la República:

a) Lograr el desarrollo integral de la personalidad en sus dimensión espiritual, moral y social;

b) Contribuir a la construcción de una sociedad democrática,

c) Inculcar el respeto a los derechos humanos y la observancia de los correspondientes deberes;

d) Combatir todo espíritu de intolerancia y de odio;

e) Conocer la realidad nacional e identificarse con los valores de la nacionalidad salvadoreña; y

f) Propiciar la unidad del pueblo centroamericano.

En este marco jurídico, la Asamblea Legislativa aprobó el Decreto No. 278 con fecha 11 de febrero del año 2016, que en los romanos que se describen, argumenta que:

II. Considera que la asignatura de Moral, Urbanidad y Cívica, debe permitir la participación, la aceptación de la pluralidad y la valoración de la diversidad, que ayuda a las alumnas y alumnos a construirse una conciencia moral y cívica y acorde con las sociedades democráticas, plurales, complejas y cambiantes en las que vivimos".

III. Que se aspira a la formación de sujetos éticos capaces de expresarse como ciudadanas y ciudadanos abiertos, tolerantes, justos, libres, respetuosos, solidarios, responsables, conscientes de su deuda social, y capaces de reconocerse desde sus identidad, individualidad y dignidad personal como parte de la humanidad, capaces de construir proyectos para lograr una convivencia armónica y mejor calidad de vida para y con los demás.

IV. Que es necesario hacer una inclusión en el currículo nacional que se base en los objetivos de la educación nacional en todos los niveles, de "Moral, Urbanidad y Cívica" como una materia obligatoria que permita el desarrollo individual y comunitario de los estudiantes.

Dados estos considerandos, se resalta el hecho que el proyecto del decreto contempla que en el currículo nacional se incluirá como asignatura obligatoria el estudio de esta asignatura en la comunidad educativa en todos los niveles del sistema educativo, proporcionando elementos conceptuales, y de juicio para que los niños, jóvenes y adultos, desarrollen la capacidad de análisis y discusión necesaria para tomar decisiones personales y colectivas que contribuyan al mejoramiento de su desempeño en la sociedad.

La educación en valores es importante porque en nuestro país en el sistema educativo, esta temática no ha estado al margen de los procesos de reforma de la educación, especialmente por la encrucijada social y política que vive la nación salvadoreña, donde los gobiernos han estado conscientes de las transformaciones que ha tenido la sociedad salvadoreña, particularmente en los últimos cincuenta años, lo que ha generado una crisis social que ha trascendido el escenario escolar y comunitario, haciéndose necesario poner énfasis en la convivencia escolar democrática, la que se ha entendido como una oportunidad para promover unas formas de relación inspiradas en los valores y los derechos humanos.[71]

La educación en valores se encuentra en el "espíritu de los tiempos", justamente ante los cambios impredecibles de la sociedad, donde el papel de la educación ya no es el mismo; en el presente hay demandas sociales que exigen nuevas respuestas que el proceso socializador necesita colocar en el entramado de relaciones, de visiones y prácticas ciudadanas que son enfocadas hacia un sistema democrático y participativo.

La aproximación a la temática enfoca la identidad nacional, en cuanto hace referencia a las experiencias, creencias, patrones aprendidos de comportamiento y valores compartidos por los ciudadanos de un país. Esos rasgos representan la identidad y son los que dan la categoría de nación, que es un concepto necesario de rescatar el escenario escolar.

---

[71] Rivas Platero, Wendinorto. La Educación en valores cívicos en la escuela salvadoreña. Educación cívica en el sistema educativo. Editorial académica Española. 2017.

La educación en valores cívicos tiene que organizarse en torno al sustrato ético común compartido por todos los ciudadanos: la Constitución de la República. En ella se encuentran de modo explícito los valores de la libertad, la igualdad, la justicia y el bien común, que son determinantes en la formación cívica y ciudadana del individuo.

En ella reside la garantía jurídica y la exigencia ética del respeto a todas las personas y la igualdad de todos ante la ley. Para que todos los ciudadanos sintamos que la igualdad ante la ley es efectiva, es preciso que los derechos y libertades recogidos en la Constitución sean realmente garantizados a todos sin distinción de ningún tipo.

2. Objetivo del estudio de la educación en valores cívicos

El objetivo de este estudio consiste en establecer la importancia de los valores cívicos en la formación de la ciudadanía y la identidad nacional en los futuros ciudadanos por medio del el sistema educativo, que es determinante para lograr la cohesión de la sociedad salvadoreña en el escenario democrático caracterizado por la complejidad en la construcción de un Estado que sea respetuoso de la dignidad humana.
A partir de ese objetivo debe comprenderse que la educación cívica entendida desde la vertiente teórico-práctica pretende educar al ser humano para que pueda vivir en sociedad, es decir, en calidad de ciudadano que respeta las normas, los principios éticos y morales, teniéndose en cuenta que esta educación está vinculada con acciones de compromiso con la comunidad y la nación, requiriendo que más allá del currículo prescripto, cada institución o centro escolar del sistema educativo pueda transformarse, cambiar la mirada, las interpretaciones y las prácticas cotidianas.

La educación moral y cívica se debe fortalecer por medio de la participación activa, que es un derecho que necesita ser ejercido en la escuela donde los docentes son los actores principales de la aplicación del currículo por medio de una metodología socioafectiva y socioreconstruccionista, dialógica, de confianza y respeto, que propicie la construcción de identidades individuales y colectivas sustentadas en la dignidad humana.

3. Teoría de los Valores

El filósofo Max Ferdinand desarrolló su teoría denominada "La teoría de los Valores de Max Scheler"[72]. Para Scheler todas las teorías de los valores pueden dividirse en tres tipos:

-La teoría platónica del valor, según la que el valor es independiente de las cosas, en lo que las cosas valiosas están fundadas. Los valores serían entidades reales.

-El normalismo de los valores, que implica que cada valor es relativo al hombre o a cualquier portador de valores.

-La teoría de la apreciación, emparentada con el normalismo ético porque niega la independencia de los fenómenos estimativos, pero diferente porque el valor moral viene dado por una apreciación.

Los Valores

Los valores son cualidades que se atribuyen a ciertos objetos, a las personas o sus acciones. Además, se considera como las normas de conducta y actitudes según las cuales nos comportamos y que están de acuerdo con aquello que se considera correcto.[73]

Los valores son bienes considerados universalmente como principios reguladores de la conducta de las personas; tienen su base en el valor

[72] Abad Pascual, Juan José y Díaz Hernández, Carlos. Historia de la Filosofía de 2° Bach. Mc. Graw-Hill. Madrid 1996. Págs. 349-360.

[73] Aguilar Díaz, Cándido. Fortalecimiento de valores: Una necesidad de todos los tiempos. Camagüey: ISPJM, 1998.

supremo: la dignidad humana. De este valor surgen otros, aceptados en la actualidad por todos como fundamentales: la responsabilidad, el respeto, la libertad, solidaridad, justicia, tolerancia y la honestidad.

Características de los valores

-Independiente e inmutables: Son los que son y no cambian, por ejemplo: la justicia, la belleza, el amor.
-Absolutos: Son los que no están condicionados o atados a ningún hecho social, histórico, biológico o individual. Un ejemplo: los valores como la verdad o la bondad.

-Inagotables: No hay ni ha habido persona alguna que agote la nobleza, la sinceridad, la bondad, el amor. Por ejemplo: un atleta siempre se preocupa por mejorar su marca.

-Objetivos: Los valores también son objetivos porque se dan independientemente del conocimiento que se tenga de ellos. Sin embargo, la valoración es subjetiva, es decir, depende de las personas que lo juzgan.

-Subjetivos: Los valores tienen importancia al ser apreciados por la persona, su importancia es solo para ella, no para los demás. Cada cual los busca de acuerdo con sus intereses.

Valores Humanos

Los valores humanos son aquellos bienes universales que pertenecen a nuestra naturaleza como personas y que en cierto sentido, humanizan porque mejoran la condición de las personas y perfeccionan la naturaleza humana. Si no descubrimos lo que somos, tampoco descubriremos qué valores nos convienen. Cuanto mejor percibamos nuestra naturaleza, tanto más fácilmente percibiremos los valores que le pertenecen.

Clasificación de valores.

Entre los valores existe una clasificación o categoría. No todos son iguales, algunos son más importantes que otros porque son más trascendentes, porque corresponden a facultades superiores, de acuerdo con F. Larroyo en su obra Filosofía de los valores.

CLASIFICACIÓN DE VALORES

CATEGORIAS	VALORES (EJEMPLOS)
Vitales	Salud, vigor, capacidad orgánica, euforia
Hedónicos	Placer, alegría, solaz, deleite
Económicos	Utilidad, valor de uso, valor de cambio
Cognoscitivos	Verdad, exactitud, aproximación, probabilidad
Morales	Bondad, veracidad, valentía, templanza, justicia
Estéticos	Belleza, gracia, elegancia, ironía
Eróticos	Dicha, ternura, cariño
Religiosos	Santidad, piedad

Dentro de esa jerarquía se encuentran inmersos los valores cívicos, los cuales se definen en los apartados subsiguientes.

4. Los valores cívicos

Los valores cívicos son aquellos valores relacionados al amor, el cariño hacia nuestra identidad y el sentido de pertenencia a un país, a través del homenaje y respeto a nuestros símbolos patrios y el cumplimiento de nuestros deberes dentro de la sociedad. Facilitan la correcta relación en el ámbito de la vida interpersonal, ciudadana y social. En este sentido, se pueden diferenciar tres niveles de relación: lo micro, lo meso y lo macro.

Niveles de relación de los valores cívicos

Niveles	Definición	Valores
Micro	Son los valores que influyen en cualquier relación humana, se refiere a cada uno de los sujetos considerando de manera individual.	Capacidad de crítica Autonomía Responsabilidad Voluntad Valentía
Meso	Son aquellos valores útiles para enjuiciar y guiar las relaciones personales en el ámbito de pequeños colectivos, con una clara correspondencia institucional.	Apertura Cooperación Respeto Cortesía Consideración
Macro	Son los valores de aplicación entre las personas de una ciudad o un país, que se concretan en normas sociales, reglamentos institucionales y normas jurídicas generales.	Respeto a los símbolos patrios Justicia Libertad Solidaridad

Fuente: Construcción propia elaborada a partir de la consulta de diferentes estudios sobre el tema.

El civismo se refiere a las pautas mínimas del comportamiento social que permiten convivir en colectividad, se basa en el respeto hacia el prójimo, el entorno natural, los objetos públicos, la urbanidad y la cortesía. Por tal razón, es importante enseñar los valores cívicos a los niños y niñas, pues les permite desarrollarse y convivir en una sociedad.

Importancia de los valores cívicos

La importancia de los valores cívicos dependerá de la forma en que una sociedad se ha basado en ellos para desarrollarse, deberá tenerlos siempre presentes y continuamente fomentarlos en las nuevas generaciones, porque si no se hace así la sociedad se encontrará con la pérdida de muchos de aquellos valores de vital importancia para la sociedad. Es decir, que los valores cívicos son todos aquellos principios considerados de importancia por la sociedad, que se espera que todo ciudadano practique y respete.

La educación en valores

"La educación en valores se puede definir como un proceso de desarrollo y construcción personal. Educar en valores significa encontrar espacios para que el alumnado sea capaz de elaborar de forma racional y autónoma los principios que le van a permitir enfrentarse de forma crítica a la realidad".[74] Además de acercarles a costumbres y comportamientos relacionados con las normas que hayan hecho suyas, de manera que las relaciones con los demás están orientadas por valores como la justicia, la solidaridad, el respeto, entre otros valores.

El compromiso de educar en valores comienza en la familia. Las niñas y niños están aprendiendo continuamente de sus padres y madres, es decir observan la manera en que ellos se relacionan con los demás, cómo reaccionan ante los problemas, etc. Los valores familiares definirán el buen criterio de las niñas y niños para reflexionar y decidir si estos valores son aceptables o no, por lo tanto se debe tener presente que los valores se transfieren a través del comportamiento diario.

---

[74] Valseca Martín, María del Pilar. Los valores en la educación. Temática: COEDUCACIÓN. Ecija, Sevilla. 2009. Pág. 2

La educación continua en la escuela, donde se demanda una conducta ejemplar del docente, el cual fomente la reflexión, la participación en la toma de decisiones y la solución ante las dificultades. La educación en valores no sólo se refiere a los recursos de los que se disponen, sino educar la capacidad de diálogo de las alumnas y alumnos, su autonomía, su racionalidad con el objetivo de construir principios y normas que actúen sobre su conocimiento y conducta.

La educación en valores, ofrece a los educandos conocer y practicar los valores que interesan a los seres humanos y que tienen sentido, según las metas personales y sociales a que se orienten. Ella es un proceso sistémico, pluridimensional, intencional e integrado que garantiza la formación y el desarrollo de la personalidad consciente; se concreta a través de lo curricular y extracurricular.

En esta medida, la formación humana y cívica, es pues, el área que debe enmarcar las respuestas de la escuela a las permanentes transformaciones que se dan en las comunicaciones, la ciencia, la tecnología, la cultura, el medio natural, en una sociedad compleja, cambiante que demanda las competencias necesarias para un desempeño responsable, eficiente, creativo, realizador de la persona y de los grupos.

Se trata de reconocer la dignidad de la persona como ser individual y social, saber respetar a los otros, el orden constitucional, la vida democrática, los valores universales expresados en las declaraciones de los derechos humanos, generar una actitud del cuido hacia otros y al medio ambiente, saber analizar los aspectos morales de la realidad para comprometerse responsablemente en un mundo complejo, atravesando por transformaciones y crisis profundas.

La educación es el medio que las sociedades humanas tienen a su alcance para conservar, transmitir, desarrollar y acrecentar el conjunto de los valores que conforman el entorno humano; en otras palabras, la educación es el instrumento idóneo para transmitir los valores a la persona y a la sociedad. Esta idea es sustancial desde el enfoque de A. Magendzo al referirse a la temática de la educación en valores.[75]

Es evidente que la educación en valores tiene un fin social y que la escuela no termina en sí misma, sino que funciona como el trampolín para la vida: para ella enseñamos, formamos, aconsejamos e, incluso, reprendemos. Hagamos lo que hagamos, para la vida lo hacemos. Esto nos obliga a estudiar la vida, la sociedad y a establecer las relaciones variantes que hay entre ellas.

En la actualidad la educación es la más interesada en el rescate y práctica de los valores de acuerdo a las mismas exigencias de la sociedad. Es por eso, que la escuela como función específica transmite e inculca determinados valores. Es decir, que los valores están jerarquizados acordes con la función socializadora de la escuela y las necesidades nacionales; sin embargo, los valores formulados en la escuela no son los únicos vigentes, ya que la escuela no es la única institución social de formación de valores.

La existencia de la Educación en Valores en correspondencia con una Educación Democrática y una Educación de Derechos Humanos reside en el hecho de desarrollar metodologías activas y vivenciales. Por ello, la práctica de los valores en la escuela debe inducir a la formación de los futuros ciudadanos a través de procesos de enseñanza-aprendizaje en donde el principal promotor es el educador.

La educación del patriotismo

"Inicialmente el patriotismo hace referencia a las relaciones personales de cada individuo con su patria. Solamente después, tiene sentido la defensa y protección de los valores que representa frente a las influencias

[75] En torno al tema es oportuno el enfoque de Abraham Magenzo en Curriculum, Escuela y Derechos Humanos. En el programa Interdisciplinario de Investigaciones en Educación con sede en Chile.

perjudiciales ajenas"[76].

Por una parte, el patriotismo significa reconocer lo que la patria le ha dado y lo que le da. Significa, por otra parte, tributarle el honor y servicio debidos, reforzando y defendiendo el conjunto de valores que representa. El deber de la persona no debe quedarse limitado en la atención a su propia patria. Por lo tanto el patriotismo también hace referencia al respeto de los otros países.

Patriotismo y nacionalismo como virtudes cívicas

El patriotismo y el nacionalismo son virtudes que no se improvisan. El patriotismo es una virtud que se demuestra en público, en plena sociedad, en los actos de la vida cotidiana. Esta actitud ejemplar sólo la logran los hombres de principios, los ciudadanos de corazones rectos y generosos que han comprendido que el individuo sólo se realiza plenamente cuando se pone en función de los demás, es decir de su país.

El sentimiento patriótico

La virtud del patriotismo entendida como un hábito operativo bueno supone el desarrollo de la capacidad intelectual para actuar con justicia en función de unos valores reconocidos y asimilados. El docente deberá explicar aspectos de la historia local, lengua, cultura, de sus héroes, de sus personajes famosos, y de enseñar las costumbres típicas, bailes, etc., de tal forma que se sientan parte de un trayecto histórico común. Pero no se trata de reducir esta atención a la localidad inmediata, porque habrá valores que se puedan compartir con todas las personas que habitan en una región o incluso en el mismo país o en el mundo entero.

---

[76] Isaacs David. La educación de las virtudes humanas y su evaluación. 14ª. edición. Ediciones Universidad de Navarra, S.A. (EUNSA). España, 2003.Pág. 445.

El deber de los padres y madres de familia, en este sentido, consistirá en buscar los medios para que el hijo vaya aprendiendo cuales son los valores específicos de su entorno inmediato.

Amor a la patria

Patria es lo primero que nace y lo último que muere; un pueblo se convierte en nación, toma posesión consciente de un país y erige un Estado, cuando toma conciencia de sí mismo mediante el sentimiento de patria, es decir, mediante la sensación profunda de arraigo en la tierra de sus padres. El país está en la tierra, la nación en la sangre, el estado en las leyes, la patria en el corazón.

La patria, en cambio, es eso que se lleva en el alma, a través de las vicisitudes y los azares, como un recuerdo y como una sombra de la protección de Dios. Mientras el territorio se toca con los pies y el estado se maneja con las manos como un arma, la nación se lleva en el cerebro y la patria en el corazón.

Es el país donde hemos nacido, es decir estamos unidos por las raíces más profundas de nuestro ser; la patria no es un sistema ni un monopolio, ni una forma de gobierno, es el cielo, el suelo y pueblo, la tradición, la ciencia, el hogar, la escuela, los ríos, los lagos, los volcanes, etc. La cuna donde hemos nacido.

El amor a la patria se refleja bajo el lema de nuestra bandera, DIOS-UNION-LIBERTAD, es una virtud que no se encuentra en todos los ciudadanos, es un don solo concedido a pocos seres humanos. Los hombres sin patria abundan más de lo que se cree, el verdadero sentido ciudadano y las virtudes cívicas solo se obtienen con esfuerzo y reflexión constante; realmente, no se nace salvadoreño sino que se aprende a serlo y, sobre todo, se merece.

Los símbolos patrios

Los símbolos patrios, representan el nacionalismo del pueblo salvadoreño, pues en ellos se enmarcan las gestas gloriosas de nuestros antepasados, que en muchas ocasiones, los ha llevado más allá del deber. Son símbolos patrios de la República de El Salvador: El Escudo de Armas, el Pabellón o Bandera y el Himno de la República.

"Para muchos ciudadanos, con el tiempo, los símbolos patrios se convierten en simples cosas carentes de utilidad y de significado, en palabras que solo son letras sin sentido. Deber patriótico es volver a la vida esos símbolos y llenar de vida a la patria misma con su riqueza espiritual. ¿Por qué y para qué es azul y blanca nuestra bandera?, ¿Qué significan, qué deberes se imponen y qué esperanza suponen los valores DIOS-UNIÓN-LIBERTAD?"[77]

La práctica de valores en la familia

Los valores son determinados comportamientos concretos e individuales que rigen la vida de las personas. Además, se refieren a necesidades humanas y representan ideales y aspiraciones, con una importancia independiente de las circunstancias.

Los valores desarrollan virtudes que benefician a nuestro entorno y a la sociedad en general. Los valores se delimitan por una cultura, grupo, religión, hábitos o tradiciones.

La familia es el lugar ideal para forjar los valores, es una meta alcanzable para lograr un modo de vida más humano, que posteriormente se transmitirá a la sociedad entera. El valor nace y se desarrolla cuando cada uno de sus miembros asume con responsabilidad el rol que ha de desempeñar en la familia, procurando el bienestar, desarrollo y felicidad

[77] Romero, Matías. Dios-Unión-Libertad. Ensayo de filosofía cívica salvadoreña. San Salvador, El Salvador. Edición Cortesía de la Corte Suprema de Justicia. Año 1997. Pág. 6.

de todos los demás.

Valores que permiten la convivencia familiar

Los valores que facilitan la convivencia familiar se explican a continuación:

a) Respeto: El respeto dentro de la familia, es una jerarquía de valores que se extiende de padres a hijos y parientes. El respeto empieza con la consideración por las opiniones e ideas de los miembros de la familia, aunque no estemos de acuerdo con ellos o aún en el caso de que nuestras propias ideas sean totalmente contrarias.

b) Tolerancia: Mediante la tolerancia reconocemos y aceptamos las diferencias que tenemos con los miembros de la familia, aunque estas no sean de nuestro agrado. La tolerancia nos lleva a apreciar activamente las diferencias con los demás y sobre todo, a enriquecer nuestra propia realidad. Si este factor es común en toda la familia, la unidad está garantizada de por vida.

c) Solidaridad: Es identificarse con lo que sucede a una persona, compartir alegrías, tristezas, triunfos, derrotas y brindar ayuda desinteresada cuando es necesario.

e) Cooperación: Consisten en participar desinteresadamente uniendo esfuerzos para lograr un ben común. En la familia tanto los padres, como los hijos con voluntad, energía e inteligencia trabajan unidos para lograr las metas propuestas.

e) Generosidad: La generosidad es uno de los valores que se fomentan en la vida familiar. Entendiendo por generosidad el actuar en favor de otras personas desinteresadamente y con alegría.

Conductas antisociales

Se conoce como conducta antisocial a las conductas que salen de las normas sociales y que son alteraciones de la conducta, suelen ser muy variadas, entre ellas se pueden mencionar: acciones agresivas, mentiras, robos, vandalismos, absentismo escolar, holgazanería, huidas de casa o abuso sexual, con independencia de su gravedad.

2.6.1 VALORES Y ANTIVALORES

VALOR	ANTIVALOR
Responsabilidad	Irresponsabilidad
Patriotismo	Antipatriótico
Civismo	Anticivismo
Honradez	Deshonrado
Laboriosidad	Ocio(negligencia)
Libertad	Esclavitud
Igualdad	Desigualdad
Equidad	Inequidad
Justicia	Injusticia
Respeto	Irrespeto
Tolerancia	Intolerancia
Solidaridad	Indiferente
Independencia	Dependencia
Paz	Conflictividad
Unión	Desunión
Valor	Cobardía
Amor	Odio

La formación en valores cívicos debe promoverse desde los primeros años en los diferentes ámbitos en los que se desarrolla el individuo: la familia, escuela y comunidad. Dichos valores son principios considerados de importancia por la sociedad, se espera que todo ciudadano practique. De ésta manera, debe prevalecer los valores en lugar de antivalores, tratando de promover un concepto diferente de vida para convivir en la comunidad.

Promoción de valores cívicos en la actualidad.

La sociedad necesita urgentemente de la formación de valores para la buena convivencia social. La escuela es el ámbito formal para cultivar los valores, el conocimiento y las habilidades que las personas necesitan para participar responsablemente en la vida pública, de esta manera el alumno logrará aprendizajes que le permitirán enfrentar en su vida diaria nuevos desafíos relacionados con su desarrollo como persona; manifestando así actitudes hacia el reconocimiento de la identidad nacional en beneficio del bien común.

Los valores cívicos se pueden verificar en los programas de estudio de educación básica específicamente en la disciplina de Estudios Sociales, en la que sobresalen contenidos conceptuales, procedimentales y actitudinales, fundamentalmente en la unidad referida sobre la identidad nacional a través de la historia, en relación con las demás unidades didácticas de los programas de estudio.

Por lo tanto, los educadores deben orientar, facilitar y ayudar a los educandos en la formación de valores cívicos con el reconocimiento de deberes y derechos que contribuyan en la construcción de su propia identidad.

A MANERA DE CONCLUSIÓN

El enfoque dado a la temática todavía es limitado, justamente cuando el debate sobre un Plan de Desarrollo o un Plan de Nación alcanzó a este estudio.[78] Sin embargo, lo que en definitiva ha permitido redimensionar este insumo para la discusión nacional ha sido el interés que han mostrado distintos sectores y grupos profesionales en la tríada de la Reforma Educativa, Política de Estado y Plan de Nación, relación que pretende inspirar y movilizar al país en torno a un proyecto común de desarrollo integral del país, en el cual la educación es fundamental en la creación de la conciencia nacional y ciudadana que contribuya a la construcción de una sociedad que se caracterice por ser:

a) Ser una sociedad sin marginación, para erradicar efectivamente la pobreza.
b) Promover una sociedad participativa, con autoestima e identidad cultural basada en el sentimiento de pertenencia.
c) Crear una sociedad segura, fundada en el Estado de Derecho y con un sistema judicial efectivo.
d) Desarrollar una sociedad con una economía integradora y competitiva, con más y mejores oportunidades de trabajo.
e) Generar una sociedad sin fronteras que permita la inserción en el mundo.
f) Impulsar una sociedad comprometida con la gestión racional del medio ambiente.
g) Una sociedad con firmes estructura familiares, interactuando a partir de valores fundamentales para la convivencia social, armónica y pacífica.

Para lograr este ideal se requiere de un mayor presupuesto que sea destinado a concretar la sociedad que se propone a partir de una reforma integral de la educación, que garantice la ampliación de su cobertura, la

---

[78] La idea de un Proyecto de Nación tiene en el escenario nacional más aportes, tal como puede apreciarse en la Revista Tendencias No. 62 del mes de junio de 1997 especialmente los expuestos por los profesionales Luis Enrique Córdova y Alberto Enríquez.

calidad y .la transformación del sistema educativo en su organización administrativa, técnica y curricular.

Las aproximaciones conclusivas, que por ahora son provisionales, que se destacan, son concebidas más para reflexionar que para definirlas como hallazgos o supuestos del estudio. Ellas se exponen a continuación:

1. La Visión de Nación y la concepción de Sociedad que se proyecta, es un ideal a examinar con más detalle a la hora de proponer una articulación de la educación, el Estado y la Nación.
2. La educación en definitiva es un recurso estratégico para promover el desarrollo del país, de la sociedad salvadoreña en su conjunto y de la ciudadanía en general.
3. Las posibilidades reales y favorables para alcanzar el desarrollo integral del país, únicamente descansan en la formación del capital humano, complementado con los capitales de orden científico, tecnológico, económico, socio institucional, natural, físico y financiero.
4. La nación salvadoreña solo puede lograr el crecimiento económico sostenible, así como también el desarrollo participativo, si la tríada de este estudio potencia el acceso a los bienes, servicios y recursos que faciliten los fines y propósitos nacionales.
5. La definición y planificación de una Política de Estado en materia educativa está considerada como una necesidad prioritaria por los sectores más representativos del país.
6. La Política educativa desde la función del Estado deberá orientarse a la formación del capital humano complementada con los capitales específicos que se exponen en el Desarrollo Multidimensional, haciendo énfasis en: 1) El Curriculum; 2) La formación del profesorado; 3) El presupuesto del sector educativo; 4) Los compromisos del sector privado; y 5) La relación con los demás sectores del entorno nacional.
7. La educación como forma de socialización y regulación social en la filosofía de la Reforma, está orientada a asegurar la estabilidad

social y política del país, requerida para imponer los intereses de la élite internacional en alianza con la élite nacional. Es obvio que la estrategia de la escolarización se vuelve una acción de control social en la vida del pueblo salvadoreño.

8. La conceptualización de la Política de Estado en el campo educativo no debe perder su vinculación con las estrategias referidas al desarrollo, estimando que los objetivos nacionales, consignados en la Constitución de la República demandan que el Estado sea on organizador de la justicia, la seguridad jurídica, el bien común, justificándose el replanteamiento de la política educativa del Gobierno en una Política de Estado. Esa redefinición podrá maximizar los beneficios que se pueden obtener de la globalización y ofrecer los cursos alternos para superar las vulnerabilidades que el país presenta ante la misma.

Como consecuencia de las transformaciones económicas, de los cambios en los modos de producción, de los procesos de globalización de la economía y de la cultura, una respuesta común que aparece en todas las latitudes son las reformas de la educación. Pero los frutos no han sido los esperados. Su común denominador está siendo su dificultad para abrirse paso, cuando no su fracaso

¿A qué se debe esto? Las fuertes transformaciones de la sociedad global están dejando en claro que este fin de siglo está suponiendo un cambio total de reglas de juego, un cambio de paradigma. En el caso de la educación quizás el fracaso se deba a que las respuestas tienden a sostener una mirada retrospectiva más que a inventar una propuesta prospectiva.

Se requiere un nuevo paradigma educativo que pueda acompañar los nuevos paradigmas que surgen en las demás áreas de la sociedad. Otro paradigma que, superando las restricciones del actual, sea capaz tanto de saldar las deudas del pasado cuanto de dar respuestas más adecuadas a las necesidades del futuro.

La transformación educativa requiere un nuevo contrato social acerca de la educación. Para esto, es necesario redefinir la reforma educativa a procesos de transformación. ¿Qué es entonces la transformación educativa? para decirlo de manera simple, el nuevo paradigma educativo significa educación para todos, con calidad, con equidad y más costo eficiente.

Más educación para todos, CON CALIDAD, dice el nuevo paradigma de la educación para el Siglo XXI. Desde la puesta en marcha del sistema educativo, con el paradigma del Siglo XIX, la educación sin dudas ha perdido calidad. Pocas personas hoy dudarían en decir que esto es cierto; pero también muy pocas podrían hoy decir con claridad en qué asientan sus afirmaciones porque lo primero que surge es la pregunta ¿qué es calidad de la educación?, bastante difícil de contestar unívocamente porque la gran (¿) ventaja (?) de este término es que es sumamente subjetivo y cambia con las épocas históricas y los contextos sociales.

Reforma de la Educación y la enseñanza de los Valores

La promoción de los valores cívicos en el contexto escolar incide en la construcción de la identidad nacional en los alumnos y las alumnas a partir del hecho en que este proceso intervienen directamente el equipo directivo, los y las docentes, la familia y el entorno sociocultural.

La práctica y la vivencia de los valores en los centros escolares es posible por medio de la directriz de la planificación institucional y didáctica sostenida en el Plan Social Educativo Vamos a la Escuela, y las orientaciones que se establecen por medio de la Dirección Departamental.

La promoción de los valores cívicos tiene una significativa incidencia en la formación del niño y la niña que se encuentra en un proceso formativo donde la práctica de los valores cívicos facilita su convivencia en el aula, el centro escolar y su comunidad; de igual manera, se identifica la relación con la cultura y el ser identitario con la localidad y la nación por medio de la simbología, el patrimonio cultural tangible e intangible, la historia, las formas de vida, las que se fomentan por medio de las actividades cívicas y culturales que se realizan en los centros escolares.

Para los maestros y maestras, una tarea importante es promover y convivir con los alumnos y alumnas dentro del proceso de enseñanza-aprendizaje, que se orienta a la formación de personas responsables, honradas, respetuosas, solidarias, democráticas y tolerantes, que contribuyan a la afirmación de la identidad nacional.

El sector docente debe reconocer que la promoción de valores cívicos, al igual que el desarrollo de los contenidos referidos a los valores cívicos tiene una incidencia significativa en la formación de la identidad nacional en los educandos; es así como las y los docentes consideran relevante el desarrollo e implementación de estrategias y actividades encaminadas a la vivencia, rescate y fortalecimiento de nuestra cultura por medio de los valores cívicos con la finalidad de lograr una sociedad más justa y humana.

Directores y subdirectores

Los directores y subdirectores de los centros educativos deberán valorar la actuación del docente en la promoción, convivencia y fortalecimiento de los valores cívicos con las alumnas y los alumnos; que el interés e iniciativas en esta ruta, sobresale con el acompañamiento de las madres y padres de familia, lo que asegura la afirmación de la identidad nacional.

Sector padres y madres de familia.

La escuela y la familia juegan un papel importante en la formación de valores cívicos y la afirmación de la identidad nacional, es ahí donde el niño adquiere los hábitos y formas de comportamiento social; es en la familia donde se inicia la formación de valores como: el respeto, la responsabilidad, el amor, la tolerancia, entre otros. Por ello es relevante el rol de la madre y del padre da familia, quienes de poco a más se involucran en este esfuerzo.

Los padres y madres de familia, poseen conocimiento acerca de los valores cívicos y que valoran la importancia de éstos en la formación integral y cultural asegurando la identidad nacional; además, se aprecia el interés en el aprendizaje y en la práctica de los valores cívicos demostrado por medio de la participación gradual en las actividades que desarrollan los centros escolares.

BIBLIOGRAFÍA

-Agenda para el Desarrollo Económico Social de El Salvador. Colegio de Profesionales en Ciencias Económicas de El Salvador. COLPROCE. Agosto de 1995.

-Baldía Serra, Eduardo. Transformación de la Educación. 1995. El Salvador.

-Bases para el Plan de Nación. Comisión Nacional de Desarrollo. El Salvador. 1998.

-Bernfeld, Siegfried. Sísifo o los límites de la educación .Edit. Siglo XXI. Argentina. 1975.

-Brígido, Ana María. Sociología de la Educación. Editorial Brujas. 2006.

-Briones, Carlos. Hacia una Sociedad abierta. Revista Tendencias.No.50. Abril 1996.

-Cardenal, Carlos. Hacia una Sociedad abierta. Revista Tendencias No.60.Abril. 1995.

-Chaparro, Elkin. Oportunidades y Desafíos de la Globalización. Boletín Económico. Banco Central de Reserva de El Salvador. Año 8. No.82. Abril.1995.

-De Azevedo, Fernando. Sociología de la Educación. F.C.E.México.1962

-Declaraciones del X Congreso de ANDES 21 de Junio. Ayagualo. El Salvador.1974.

-Democracia y Paz. Fundamentos Básicos de la Reforma Educativa. Apertura No.3.Julio ,1995.

-Diagnóstico del Sistema de Desarrollo de Recursos Humanos de El Salvador, Proyecto de Harvard Institute For Internacional Development con la colaboración de la Fundación Empresarial para el Desarrollo Educativo. FEPADE y la Universidad Centroamericana "José Simeón Cañas". San Salvador. 1994.

-Díaz. Barriga, Frida. El Docente en las Reformas Educativas: sujeto o ejecutor de proyectos ajenos. Revista Iberoamericana de Educación. No. 25. Enero-Abril. Brasil. 2001.

-Educación: ¿Palabra extraviada en El Salvador? Editorial Reviste ECA. Estudios Centroamericanos.No.358.Agosto.1978.

-Ejes estratégicos del Plan Nacional de Educación en Función de la Nación. Ministerio de Educación. El Salvador.2014.

-El desarrollo. ¿Traba o marco para la educación? Revista Perspectiva. UNESCO. Santillana .Madrid.1974.

-El Salvador País de oportunidades. Plan de Gobierno de la República de El Salvador .1994-1999.

-Escamilla, Manuel Luis. Educación. Universidad y Filosofía. Dirección de Publicidad e Impresos. Ministerio de Educación. San Salvador.1988.

-Escamilla, Manuel Luis. La Reforma Educativa Salvadoreña. Ministerio de Educación. El Salvador. 1975.

-Flórez Ochoa, Rafael. Hacia una Pedagogía del Conocimiento. McGraw-Hill. Colombia.1994.

-Fundamentos y alcances de la política educacional. Librería del Colegio

.Buenos Aires. 1974

-Gallardo de Cano, Cecilia. El esfuerzo educativo. Revista Tendencias No.50.Abril.1996.

-Gil, Lucio. Educar en y para la Democracia. El Nuevo Diario, 6 de marzo de 2016. Nicaragua.

-Goitia, Alfonso, Los seis retos. Revista Tendencias. No.50.Abri. 1996.

-González, Luis Armando y Sermeño, Ángel. Análisis sociológico de la propuesta de la Comisión Nacional de Educación y Desarrollo. Seminario de Educación de adultos .universidad Francisco Gavidia. San Salvador. Noviembre .1995

-Guevara Niebla, Gilberto. La Reforma Educativa. Ediciones Cal y Arena.

-Grande, Julio César. Análisis sobre la Educación Nacional y el Plan 2021. Imprenta Universitaria. 2008.

-Guevara, Norma. Transformación de la educación para la paz y el desarrollo en El Salvador. Apertura No.3 Julio 1995.

-Gutiérrez, Francisco. Educación como praxis política Edit. Siglo XX. México 1991.

-Hernández Fabián, María Concepción. Innovaciones metodológicas a partir del rediseño del aula impulsada por el Plan Social Educativo “Vamos a la Escuela” ejecutados por las y los docentes de los centros educativos de la zona central del distrito 06-04 de San Salvador. El Salvador.2014.

-Herrera Araya, Marvin. Educación para la participación en el proceso político. La educación internacional de Desarrollo Educativo. No.100. Departamento de Asuntos Educativos. Secretaría General de la organización de los Estados Americanos. OEA, Washington.1987.

-Isaacs David. La educación de las virtudes humanas y su evaluación. Decimocuarta edición. Ediciones Universidad de Navarro, S.R. (EUNSA). España, 2003.

-Krieck, Ernest. Bosquejo de la ciencia de la educación. Trad, L. Luzuriaga. Losada. Buenos Aires.1952.

-Jované, Juan. Hacia un Proyecto Nacional de Desarrollo. Coordinadora de Investigaciones Económicas y Sociales de la Iglesia. CRIES. Nicaragua. 1996.

-La educación como motor de desarrollo. V Cumbre Iberoamericana de San Carlos de Bariloche, Argentina. 1995.

-La educación y el desarrollo. Aspectos económicos y sociales del planteamiento de la educación. UNESCO. Paris. 1965.

-Lecciones de un viaje: Las necesidad de una visión de Nación para El Salvador en el siglo XXI.

-Lineamientos básicos del Desarrollo Social para el Sector Educación. Quinquenio 1984-1989 ADEPOR. Ministerio de Educación. San Salvador. Sept. 1989.

-Lineamientos del Plan Decenal 1995/2005. Ministerio de Educación. Gobierno de El Salvador. San Salvador.1995.

-Manifiesto de las ONG´S en acción (60 ONG'S apoyando el manifiesto). La Prensa Gráfica. San Salvador.1995.

-Mendoza de Díaz Judith. Necesidad de una Reforma Estructural del sistema Educativo Salvadoreña. Colegio de Altos Estudios Estratégicos. San Salvador.1994.

-Molina, Hugo. Sistema Educativo y Estructuras Socioeconómicas. Revista ECA. Estudios Centroamericanos.No.358. Agosto.1978.

-Montenegro, Aldemo. Reforma Educativa. Nación e Ideal Pedagógico. La Educación. Revista Internacional de Desarrollo Educativo. Año XXXV.No.108-110.I-III.1991.

-Nassif, Ricardo. Teoría de la educación. Problemática pedagógica contemporánea Cincel –Kapelusz. Madrid.1983.

-Navarro, Carlos. La Reforma Educativa en América Latina: una revisión de sus temas. Banco Interamericano de Desarrollo.

-Paredes Castillo, Carlos Federico. La clave tecnológica. Revista Tendencias No. 50.Abril 1996

-Política Nacional de Ciencia y Tecnología. Consejo Nacional de Ciencia y Tecnología de El Salvador. Revista El Salvador. Ciencia y Tecnología. Año No.2. San Salvador. 1997.

-PopKewitz, Tomás. Sociología Política de la Reforma Educativa. Ediciones Morata. Madrid. 1994.

-Reforma Educativa en marcha Documento II. Consulta 95. Ministerio de Educación. Gobierno de El Salvador. 1994

-Reimers, Fernando. La formación de recursos humanos: desafíos y oportunidades. La educación en El Salvador de cara al siglo XXI UCA Editores. San Salvador. 1995.

-Rocher, Guy y otros. Crecimiento Estéril o Desarrollo. Bases para la construcción de un nuevo proyecto económico. Edit. Harla. Madrid. 1980.

-Rivas Platero, Wendinorto. Reforma Educativa. Política de Estado y Plan de nación. El Salvador. 1998.

-Rivas Platero, Wendinorto. La Educación en valores cívicos en la escuela salvadoreña. Educación cívica en el sistema educativo. Editorial académica Española. 2017.

-Romero, Matías. Dios-Unión-Libertad. Ensayo de filosofía cívica salvadoreña. San Salvador, El Salvador. Edición Cortesía de la Corte Suprema de Justicia. Año 1997.

-Rubio, Roberto y otros. Crecimiento Estéril o Desarrollo. Bases para la construcción de un nuevo proyecto económico en El Salvador. FUNDE. El Salvador.1996.

-Samayoa, Joaquín. Marco de Referencia para la discusión del futuro de la educación en El Salvador. Revista ECA. Estudios Centroamericanos, No.435/ 436. Enero-Febrero. 1985.

- Sosa Iñigo, Bernardo. Relación Pedagogía-Sociedad. Cátedra Carlos Llano.

-Transformar la Educación para la paz y el desarrollo de El Salvador. Comisión de Educación, Ciencia y Desarrollo. Gobierno de la República de El Salvador. San Salvador. Junio 1995.

-Ungo, Guillermo Manuel y Valero, Luis Fernando. Fundamentos sociopolíticos y fines de la Reforma Educativa. Revista ECA. Estudios Centroamericanos No. 358. Agosto. 1978.

-Valseca Martín, María del Pilar. Los valores en la educación. Temática: COEDUCACIÓN. Ecija, Sevilla. 2009.

-Ventura, Edgar. Notas sobre la Reforma Educativa de 1968.CENISH. Ministerio de Educación. El Salvador.

Printed by Books on Demand GmbH, Norderstedt / Germany